KT-155-463

SPANISH
PHRASEBOOK

GEDDES&
GROSSET

Published 2001 by Geddes & Grosset, an imprint of
Children's Leisure Products Limited

© 1998 Children's Leisure Products Limited,
David Dale House, New Lanark ML11 9DJ, Scotland

First published 1998
Reprinted 1999, 2000, 2001

All rights reserved. No part of this publication may be reproduced, stored in a retrieval system or transmitted in any form or by any means, electronic, mechanical, photocopying, recording or otherwise, without the prior permission of the copyright holder

ISBN 1 85534 350 9

Printed and bound in the UK

CONTENTS

KEY TO PRONUNCIATION 7
GETTING STARTED 8
Everyday words and phrases 8
Being understood 9
Greetings and exchanges 10
Common questions 14
Asking the time 17
Common problems 21
AT THE AIRPORT 23
Arrival 23
Common problems and requests 25
Luggage 27
AT THE HOTEL 30
Hotels and hostales 30
Paradores 31
Reservations and enquiries 32
Service 39
Problems 44
Checking out 46
OTHER ACCOMMODATION 47
Self-catering 47
Renting a house 48
Around the house 51
Camping 53
Camping carnet 54
Camping rough 54

Taking a caravan 55
Useful camping questions 56
Around the camp site 58
Hostelling 60
Childcare 62
GETTING AROUND 65
Opening hours 65
Asking for directions 65
Directions – by road 68
Directions – what you may hear 69
Hiring a car 73
By taxi 76
By bus 79
By train 80
DRIVING 87
The roads 88
The rules 89
Traffic and weather conditions 91
Parking 93
At the service station 94
Breakdowns and repairs 96
Accidents and the police 101
Car parts 106
Road signs 111
EATING OUT 115
Reservations 116
Useful questions 117
Ordering your meal 119
Ordering drinks 121
Paying the bill 122

Complaints and compliments 123
Food 124
Regional specialities 125
Menu reader 129
Wine 142
Wine Regions 143
Wine label reader 145
Other drinks 147
OUT AND ABOUT 151
The weather 151
On the beach 154
Sport and recreation 156
Entertainment 157
Sightseeing 158
Souvenirs 161
Going to church 162
SHOPPING 164
General phrases and requests 164
Buying groceries 169
Groceries 171
Meat and fish 172
At the newsagent's 173
At the tobacconist's 176
At the chemist's 178
Medicines and toiletries 180
Shopping for clothes 182
Clothes and accessories 187
Photography 191
Camera repairs 193
Camera parts 193

At the hairdresser's 196
Laundry 198
General repairs 200
At the post office 202
Using the telephone 203
What you may hear 206
Changing money 207
HEALTH 209
What's wrong? 209
At the hospital 216
Parts of the body 217
At the dentist's 219
FOR YOUR INFORMATION 221
Numbers 221
Ordinal numbers 224
Fractions and percentages 224
Days 225
Dates 225
The seasons 226
Times of the year 226
Months 227
Public holidays 228
Colours 230
Common adjectives 231
Signs and notices 232
IN AN EMERGENCY 238
What to do 238

KEY TO PRONUNCIATION

Guide to Spanish pronunciation scheme

Vowels

a	between bad and father
ai, ay	as a in gate
e	as in bet
ee	as in see
eye	as in English eye
i	as in bit
o	as in hot
oo	as in pool
ow	as in how
u	is pronounced as w, as in swim
y	as in yacht

Consonants

c	(before e and i) sounds as th in thank
h	is not pronounced
ñ	sounds as ny in canyon
z	sounds as th in thank

Hyphens are given to show syllables but should be ignored when speaking. The stressed syllable in a word is in bold type.

GETTING STARTED

Everyday words and phrases

Yes
Sí
see

Yes, please
Sí, por favor
*see, por fa-**bor***

No
No
no

No, thank you
No, gracias
*no, **gra**-thee-as*

OK
Vale
***ba**-lay*

Please
Por favor
*por fa-**bor***

Thank you
Gracias
***gra**-thee-as*

Excuse me
¡Perdón!
*pair-**don***

Good
Bueno
***bway**-no*

I am very sorry
Lo siento mucho
*lo **syen**-to **moo**-cho*

Being understood

I do not speak Spanish
No hablo castellano
*no **a**-blo kas-te-**ya**-no*

I do not understand
No entiendo
*no en-**tyen**-do*

Can you find someone who speaks English?
¿Puede encontrar a alguien que hable inglés?
pwe**-day en-kon-**trar al**-gee-en kay **a**-blay een-**glays

Can you help me, please?
¿Puede ayudarme, por favor?
pwe**-day a-yoo-**dar**-may, por fa-**bor

It does not matter
No importa
*no eem-**por**-ta*

I do not mind
No me importa
*no may eem-**por**-ta*

Please repeat that slowly
Por favor repítame eso lentamente
*por fa-**bor**, re-**pee**-ta-may **e**-so len-ta-**men**-tay*

Greetings and exchanges

Hello
Hola
o-la

Hi
Hola
o-la

Good evening
Buenas tardes
***bway**-nas **tar**-des*

Good morning
Buenos días
***bway**-nos **dee**-as*

Good night
Buenas noches
***bway**-nas **no**-ches*

Good-bye
Adiós
*a-dee-**os***

It is nice to meet you
Encantado / Encantada de conocerle
*en-kan-**ta**-do / en-kan-**ta**-da day ko-no-**thair**-lay*

Greetings and exchanges

How are you?
¿Qué tal estás?
*kay tal es-**tas***

I am very well, thank you
Muy bien, gracias
*mwee byen, **gra**-thee-as*

It is good to see you
Me alegro de verlo
*may a-**le**-gro day **bair**-lo*

There are five of us
Somos cinco
***so**-mos **theen**-ko*

This is — my son
Este es — mi hijo
***es**-tay es — mee **ee**-ho*

— my husband
— mi marido
*— mee ma-**ree**-do*

This is — my daughter
Ésta es — mi hwija
***es**-ta es — mee **ee**-ha*

— my wife
— mi esposa
*— mee es-**po**-sa*

Greetings and exchanges

My name is . . .
Me llamo . . .
*may **ya**-mo . . .*

What is your name?
¿Cómo te llamas?
***ko**-mo tay **ya**-mas*

I am a student
Soy estudiante
*soy es-too-dee-**an**-tay*

I am on holiday
Estoy de vacaciones
*es-**toy** day ba-ka-**thyo**-nes*

I live in London
Vivo en Londres
***bee**-bo en **lon**-dres*

You are very kind
Es usted muy amable
*es oo-**sted** mwee a-**ma**-blay*

You're welcome!
¡De nada!
*day **na**-da!*

See you soon
Hasta pronto
***a**-sta **pron**-to*

I am from — America
Soy de — los Estados Unidos
*soy day — los es-**ta**-dos oo-**nee**-dos*

— Australia
— Australia
— *ow-**stra**-lee-a*

— Britain
— Gran Bretaña
— *gran bre-**tan**-ya*

— Canada
— Canadá
— *ka-na-**da***

— England
— Inglaterra
— *een-gla-**te**-ra*

— Ireland
— Irlanda
— *eer-**lan**-da*

— New Zealand
— Nueva Zelanda
— ***nway**-ba the-**lan**-da*

— Scotland
— Escocia
— *es-**ko**-thee-a*

Common questions

— South Africa
— Sudáfrica
— *soo-**da**-free-ka*

— Wales
— Gales
— ***ga**-les*

Common questions

Where?
¿Dónde?
***don**-day*

Where is...?
¿Dónde está...?
***don**-day es-**ta**...*

Where are...?
¿Dónde están...?
***don**-day es-**tan**...*

When?
¿Cuándo?
***kwan**-do*

What?
¿Qué?
kay

How?
¿Cómo?
***ko**-mo*

How much?
¿Cuánto?
***kwan**-to*

Who?
¿Quién?
***kee**-en*

Why?
¿Por qué?
por kay

Which?
¿Cuál?
kwal

How long will it take?
¿Cuánto tardará?
kwan-to tar-da-ra

How can I contact American Express / Diners Club?
¿Cómo puedo contactar la oficina de American Express/ Diners Club?
ko-mo pwe-do kon-tak-tar la o-fee-thee-na day American Express / Diners Club

What is the problem?
¿Cuál es el problema?
kwal es el pro-blay-ma

Do you know a good restaurant?
¿Conoce algún buen restaurante?
ko-no-thay al-goon bwen res-to-ran-tay

Do you mind if I . . . ?
¿Le importa que yo . . . ?
lay eem-por-ta kay yo . . .

What is wrong?
¿Qué ocurre?
kay o-koo-ray

What time do you close?
¿A qué hora cierran?
a kay o-ra thee-e-ran

Common questions

Where can I buy a postcard?
¿Dónde puedo comprar una postal?
*don-day **pwe**-do kom-**prar** **oo**-na po-**stal***

Where can I buy currency?
¿Dónde puedo cambiar dinero en efectivo?
*don-day **pwe**-do kam-**byar** dee-**ne**-ro en e-fek-**tee**-bo*

Where can I change traveller's cheques?
¿Dónde puedo cambiar cheques de viaje?
*don-day **pwe**-do kam-**byar** **che**-kays day bee-**a**-hay*

Where can we sit down?
¿Dónde podemos sentarnos?
*don-day po-**day**-mos sen-**tar**-nos*

Where is the toilet?
¿Dónde están los servicios?
*don-day es-**tan** los sair-**bee**-thee-os*

Who did this?
¿Quién ha hecho esto?
*kee-**en** a **e**-cho **es**-to*

Who should I see about this?
¿Con quién debería hablar sobre esto?
*kon kee-**en** de-be-**ree**-a a-**blar** **so**-bray **es**-to*

Will you come also?
¿Va a venir usted también?
*ba a be-**neer** oo-**sted** tam-**byen***

Asking the time

Spain is on GMT plus one hour in the winter and GMT plus two hours in the summer. The 24-hour clock is commonly used in Spain. *See also* Numbers, page 221.

What time is it?
¿Qué hora es?
*kay **o**-ra es*

It is — nine-thirty pm (21:30)
Son — las veintiuna trenta
*son — las bain-tee-**oo**-na **trayn**-ta*

— six-fifteen pm (18:15)
— las dieciocho quince
*— las dee-eth-ee-**o**-cho **keen**-thay*

— a quarter past ten
— las diez y cuarto
*— las **dee**-eth ee **kwar**-to*

— a quarter to eleven
— las once menos cuarto
*— las **on**-thay **me**-nos **kwar**-to*

— after three o'clock
— después de las tres
*— des-**pwes** day las tres*

Asking the time

— nearly five o'clock
— casi las cinco
— ***ka**-see las **theen**-co*

— twenty-five past ten
— las diez y veinticinco
— *las **dee**-eth ee bain-tee-**theen**-ko*

— twenty-five to eleven
— las once menos veinticinco
— *las **on**-thay **me**-nos bain-tee-**theen**-ko*

— eleven o'clock
— las once
— *las **on**-thay*

— five past ten
— las diez y cinco
— *las **dee**-eth ee **theen**-ko*

— half past ten
— las diez y media
— *las **dee**-eth ee **me**-dee-a*

— five to eleven
— las once menos cinco
— *las **on**-thay **me**-nos **theen**-ko*

— ten o' clock
— las diez
— *las **dee**-eth*

— ten past ten
— las diez y diez
— *las **dee**-eth ee **dee**-eth*

— twenty past ten
— las diez y veinte
— *las **dee**-eth ee **bain**-tay*

— twenty to eleven
— las once menos veinte
— *las **on**-thay **me**-nos **bain**-tay*

It is — early
Es — temprano
*es — tem-**pra**-no*

— late
— tarde
***— tar**-day*

— one o'clock
— la una
— *la **oo**-na*

— midday
— mediodía
— *me-dee-o-**dee**-a*

— midnight
— medianoche
— *me-dee-a-**no**-chay*

Asking the time

at about one o'clock
sobre la una
*so-bray la **oo**-na*

at half past six
a las seis y media
*a las says ee **me**-dee-a*

at half past eight exactly
a las ocho y media en punto
*a las **o**-cho ee **me**-dee-a en **poon**-to*

in an hour's time
dentro de una hora
*den-tro day **oo**-na **o**-ra*

in half an hour
dentro de media hora
*den-tro day **me**-dee-a o-ra*

soon
pronto
pron-to

this afternoon
esta tarde
*es-ta **tar**-day*

this evening
esta tarde
*es-ta **tar**-day*

this morning
por la mañana
*por la man-**ya**-na*

tonight
esta noche
***es**-ta **no**-chay*

two hours ago
hace dos horas
***a**-thay dos **o**-ras*

at night
por la noche
*por la **no**-chay*

Common problems

I am late
Voy con retraso
*boy kon re-**tra**-so*

I cannot find my driving licence
No encuentro el permiso de conducir
*no en-**kwen**-tro el per-**mee**-so day kon-doo-**theer***

I have dropped a contact lens
Se me ha caído una lentilla
*say may a ka-**ee**-do **oo**-na len-**tee**-ya*

Common problems

I have lost — my credit cards
He perdido — las tarjetas de crédito
*ay pair-**dee**-do — las tar-**hay**-tas day **kre**-dee-to*

— my key
— la llave
*— la **ya**-bay*

— my traveller's cheques
— los cheques de viaje
*— los **che**-kays day bee-**a**-hay*

I have no currency
No tengo efectivo
*no **ten**-go e-fek-**tee**-bo*

I must see a lawyer
Tengo que hablar con un abogado
***ten**-go kay a-**blar** kon oon a-bo-**ga**-do*

My car has been stolen
Me han robado el coche
*may an ro-**ba**-do el **ko**-chay*

My handbag has been stolen
Me han robado el bolso
*may an ro-**ba**-do el **bol**-so*

My wallet has been stolen
Me han robado la cartera
*may an ro-**ba**-do la kar-**tair**-ra*

AT THE AIRPORT

Iberia is Spain's main airline, operating both international and domestic flights. They have several direct flights daily from London Heathrow and Gatwick to Madrid and from London Heathrow to Barcelona. There are also flights from Heathrow to a total of thirty destinations, including Bilbao, Alicante, Granada, Gran Canaria, Málaga, Palma, Seville, Tenerife and Valencia. Iberia also operate flights from Manchester to Madrid and Barcelona, plus Alicante, Bilbao, Seville, Valencia and a number of other destinations.

British Airways run daily flights to Madrid and Barcelona from Heathrow as well as a daily flight to Madrid and six flights a week to Barcelona from Gatwick. Other BA services include a daily flight from Gatwick to Málaga, three flights a week from Gatwick to Jerez, and a twice-weekly flight from Heathrow.

Popular holiday destinations are served by charter airlines. Cheap flight-only tickets are available from tour operators.

Arrival

Here is my passport
Aquí está mi pasaporte
*a-**kee** es-**ta** mee pa-sa-**por**-tay*

Arrival

How long will this take?
¿Cuánto tardará esto?
***kwan**-to tar-da-**ra** **es**-to*

I am attending a convention
Voy a asistir a un congreso
*boy a a-see-**steer** a oon kon-**gre**-so*

I am here on business
Estoy aquí en viaje de negocios
*es-**toy** a-**kee** en bee-**a**-hay day ne-**go**-thee-os*

I will be staying here for eight weeks
Me quedaré aquí ocho semanas
*may kay-da-**ray** a-**kee** **o**-cho se-**ma**-nas*

We are visiting friends
Estamos visitando a amigos
*es-**ta**-mos bee-see-**tan**-do a-**mee**-gos*

We have a joint passport
Tenemos un pasaporte familiar
*te-**nay**-mos oon pa-sa-**por**-tay fa-mee-**lyar***

How much do I have to pay?
¿Cuánto tengo que pagar?
kwan**-to **ten**-go kay pa-**gar

I have nothing to declare
No tengo nada que declarar
*no **ten**-go **na**-da kay de-kla-**rar***

I have the usual allowances
Tengo los artículos permitidos
*ten-go los ar-**tee**-koo-los pair-mee-**tee**-dos*

This is for my own use
Esto es para mi uso personal
*es-to es **pa**-ra mee **oo**-so pair-so-**nal***

Common problems and requests

Can I upgrade to first class?
¿Puedo cambiar mi billete a primera clase?
*pway-do kam-**byar** mee bee-**ye**-tay a pree-**me**-ra **kla**-say*

I have lost my ticket
He perdido el billete
*ay pair **doo**-do el bee-**ye**-tay*

I have missed my connection
He perdido el vuelo de enlace
*ay pair-**dee**-do el **bway**-lo day en-**la**-thay*

Please give me back my passport
Devuélvame el pasaporte, por favor
*de-**bwel**-ba-may el pa-sa-**por**-tay, por fa-**bor***

The people who were to meet me have not arrived
No ha llegado la gente que iba a recibirme
*no a ye-**ga**-do la **hen**-tay kay **ee**-ba a re-thee-**beer**-may*

Common problems and requests

Where can I find the airline representative?
¿Dónde puedo encontrar al representante de la compañía aérea?
***don**-day **pwe**-do en-kon-**trar** al re-pre-zen-**tan**-tay day la kom-pan-**yee**-a a-**air**-ay-a*

Where do I get the connecting flight to Santiago?
¿Dónde puedo enlazar con el vuelo a Santiago?
***don**-day **pwe**-do en-la-**thar** kon el **bway**-lo a san-tee-**a**-go*

Where is — the bar?
¿Dónde está — el bar?
***don**-day es-**ta** — el bar*

— the departure lounge?
— la sala de embarque?
*— la **sa**-la day em-**bar**-kay*

— the information desk?
— la oficina de información?
*— la o-fee-**thee**-na day een-for-ma-**thyon***

— the transfer desk?
— el mostrador de transbordos?
*— el mos-tra-**dor** day trans-**bor**-dos*

Where is — the toilet?
¿Dónde están — los servicios?
***don**-day es-**tan** — los sair-**bee**-thee-os*

Is there a bus into town?
¿Hay autobús a la ciudad?
*eye ow-to-**boos** a la thee-oo-**dad***

How long will the delay be?
¿Cuánto se retrasará?
kwan**-to say re-tra-sa-**ra

I was delayed at the airport
Me entretuvieron en el aeropuerto
*may en-tray-too-**byair**-on en el a-air-o-**pwair**-to*

My flight was late
Mi vuelo se retrasó
*mee **bway**-lo say re-tra-**so***

I was held up at immigration
Me entretuvieron en el control de pasaportes
*may en-tray too-**byair**-on en el kon-**trol** day pa-sa-**por**-tes*

Luggage

Where is the baggage from flight number . . . ?
¿Dónde están los equipajes del vuelo número . . . ?
***don**-day es-**tan** los e-kee-**pa**-hays del **bway**-lo **noo**-me-ro . . .*

I have lost my bag
He perdido la bolsa
*ay pair-**dee**-do la **bol**-sa*

Luggage

These bags are not mine
Estas bolsas no son mías
*es-tas **bol**-sas no son **mee**-as*

Are there any baggage trolleys?
¿Hay carritos de equipaje?
*eye ka-**ree**-tos day e-kee-**pa**-hay*

Can I have help with my bags?
¿Puedo obtener ayuda para llevar el equipaje?
***pwe**-do ob-te-**nair** a-**yoo**-da **pa**-ra ye-**bar** el e-kee-**pa**-hay*

Is there any charge?
¿Hay que pagar algo?
*eye kay pa-**gar al**-go*

I will carry that myself
Esto lo llevaré yo mismo / misma
*es-to lo ye-ba-**ray** yo **miz**-mo / **miz**-ma*

My baggage has not arrived
No ha llegado mi equipaje
*no a ye-**ga**-do mee e-kee-**pa**-hay*

Where is my bag?
¿Dónde está mi bolsa?
***don**-day es-**ta** mee **bol**-sa*

It is — a large suitcase
Es — una maleta grande
*es — **oo**-na ma-**lay**-ta **gran**-day*

— a rucksack
— una mochila
— *oo-na mo-**chee**-la*

— a small bag
— una bolsa pequeña
— *oo-na **bol**-sa pe-**ken**-ya*

No, do not put that on top
No, no ponga eso encima de todo
*no, no **pon**-ga **e**-so en-**thee**-ma day **to**-do*

Please take these bags to a taxi
Por favor lleve estas bolsas a un taxi
*por fa-**bor**, **ye**-bay **es**-tas **bol**-sas a oon **tak**-see*

Careful, the handle is broken
Cuidado, el mango está roto
*kwee-**da**-do, el **man**-go es-**ta** **ro**-to*

This package is fragile
Este paquete es frágil
*es-tay pa-**ke**-tay es **fra**-heel*

AT THE HOTEL

Hotels and hostales

Spain classifies all its hotels and similar accommodation with a star rating that reflects their facilities and amenities rather than the comfort or style of the individual establishments, so a tower block hotel could be rated with four stars and a fine old *hacienda* with the character and atmosphere that makes it uniquely Spanish may score only two or three stars, or even fewer. These are official government ratings and should be clearly displayed at the entrance with gold stars on a blue plaque. They should also appear on the standard tariff sheet, which must be displayed at reception.

Prices are generally quoted per room rather than per person and VAT (IVA) is added to the bill.

Accommodation is divided into several categories but for the purpose of ratings there are two main divisions – hotels and *hostales*. Hotels are star-rated on a one-to-five scale, although there are some hotels whose level of luxury is distinguished by a separate GL (*Gran Lujo*) rating.

Hostales (or pensions) are cheap hotels, rather like boarding houses, are rated on a one-to-three scale, ranging from fairly basic but mostly having a shower and some having a lavatory and bath to frugal with cold water.

The kind of accommodation is also classified and described by initials that precede the star rating. If an hotel or *hostal* does not have facilities for meals other than breakfast, it is described as a *residencia*. A place that provides apartment-like suites with self-catering facilities, together with many of the public facilities that you would expect of an hotel, is called an *aparthotel*.

The Spanish Tourist Office (*Oficina Nacional Española*), 57–58 St James's, London SW1A 1LD, can provide full lists of hotels and hostales.

Paradores

In 1926 the Marqués de Vega-Inclán, the Royal Tourist Commissioner to King Alfonso XIII, established the first of Spain's state-run hotels, Paradores. Now there are well over eighty hotels under the Paradores Nacionales banner. They offer an authentic taste of Spain, since many occupy historic buildings, including castles, palaces, monasteries and other buildings of interest. There are also many modern Paradores in the chain, and all the old ones are equipped with modern facilities.

They are liberally scattered throughout Spain, with the accent on places of outstanding natural beauty or of historical interest. Apart from the furnishings and decor being typically Spanish, the Paradores make a feature of regional specialities in their cuisine.

Reservations and enquiries

I am sorry I am late
Siento llegar tarde
***syen**-to ye-**gar** **tar**-day*

I have a reservation
Tengo una reserva hecha
***ten**-go **oo**-na re-**sair**-ba **ay**-cha*

I shall be staying until July 4th
Me quedaré hasta el cuatro de julio
*may ke-da-**ray** **a**-sta el **kwa**-tro day **hoo**-lee-o*

I want to stay for 5 nights
Quiero quedarme cinco noches
*kee-**e**-ro ke-**dar**-may **theen**-ko **no**-ches*

Do you have a double room with a bath?
¿Tiene una habitación doble con baño?
*tee-**e**-nay **oo**-na a-bee-ta-**thyon** **do**-blay kon **ban**-yo*

Do you have a room with twin beds and a shower?
¿Tiene una habitación con camas gemelas y ducha?
*tee-**e**-nay **oo**-na a-bee-ta-**thyon** kon **ka**-mas he-**may**-las ee **doo**-cha*

Do you have a single room?
¿Tiene una habitación individual?
*tee-**e**-nay **oo**-na a-bee-ta-**thyon** een-dee-bee-**dwal***

Reservations and enquiries

I need — a double room with a bed for a child
Necesito — una habitación doble con una cama para un niño
*ne-the-**see**-to — **oo**-na a-bee-ta-**thyon** **do**-blay kon **oo**-na **ka**-ma **pa**-ra oon **neen**-yo*

— a room with a double bed
— una habitación con cama doble
— *oo-na a-bee-ta-**thyon** kon **ka**-ma **do**-blay*

— a room with twin beds and bath
— una habitación con camas gemelas y baño
— *oo-na a-bee-ta-**thyon** kon **ka**-mas he-**may**-las ee **ban**-yo*

— a single room
— una habitación individual
— *oo-na a-bee-ta-**thyon** een-dee-bee-**dwal***

— a single room with a shower or bath
— una habitación individual con ducha o baño
— *oo-na a-bee-ta-**thyon** een-dee-bee-**dwal** kon **doo**-cha o **ban**-yo*

How much is — full board?
¿Cuánto es — la pensión completa?
*kwan-to es — la pen-**syon** kom-**play**-ta*

— half-board?
— la media pensión?
— *la **me**-dee-a pen-**syon***

Reservations and enquiries

How much is it per night?
¿Cuánto cuesta por noche?
*kwan-to **kwes**-ta por **no**-chay*

Does the price include room and breakfast?
¿Están incluidos en el precio la habitación y el desayuno?
*es-**tan** een-kloo-**ee**-dos en el **pre**-thee-o la a-bee-ta-**thyon** ee el des-a-**yoo**-no*

Does the price include room and all meals?
¿Están incluidos en el precio la habitación y todas las comidas?
*es-**tan** een-kloo-**ee**-dos en el **pre**-thee-o la a-bee-ta-**thyon** ee **to**-das las ko-**mee**-das*

Does the price include room and dinner?
¿Están incluidos en el precio la habitación y la cena?
*es-**tan** een-kloo-**ee**-dos en el **pre**-thee-o la a-bee-ta-**thyon** ee la **thay**-na*

Can we have adjoining rooms?
¿Nos puede dar habitaciones contiguas?
*nos **pwe**-day dar a-bee-ta-**thyo**-nes kon-**tee**-gwas*

Are there other children staying at the hotel?
¿Hay más niños hospedados en el hotel?
*eye mas **neen**-yos os-pe-**da**-dos en el o-**tel***

Are there supervised activities for the children?
¿Hay actividades vigiladas para los niños?
*eye ak-tee-bee-**da**-des bee-hee-**la**-das **pa**-ra los **neen**-yos*

Reservations and enquiries

Can my son sleep in our room?
¿Puede dormir mi hijo en nuestra habitación?
*pwe-day dor-**meer** mee **ee**-ho en **nwes**-tra a-bee-ta-**thyon***

Do you take traveller's cheques?
¿Acepta cheques de viaje?
*a-**thep**-ta **che**-kays day bee-**a**-hay*

Which floor is my room on?
¿En qué piso está mi habitación?
*en kay **pee**-so es-**ta** mee a-bee-ta-**thyon***

Do you have a fax machine?
¿Tiene fax?
*tee-**e**-nay faks*

Do you have a laundry service?
¿Tienen servicio de lavandería?
*tee-**e**-nen sair-**bee**-thee-o day la-ban-de-**ree**-a*

Do you have a safe for valuables?
¿Tiene caja fuerte para objetos de valor?
*tee-**e**-nay **ka**-ha **fwair**-tay **pa**-ra ob-**he**-tos day ba-**lor***

Do you have any English newspapers?
¿Tiene periódicos en inglés?
*tee-**e**-nay pe-ree-**o**-dee-kos en een-**gles***

Do you have a car park?
¿Tienen aparcamiento?
*tee-**e**-nen a-par-ka-**myen**-to*

Reservations and enquiries

Do you have a cot for my baby?
¿Tiene una cuna para el bebé?
*tee-**e**-nay **oo**-na **coo**-na **pa**-ra el be-**bay***

Do you have satellite TV?
¿Tiene antena parabólica?
*tee-**e**-nay an-**te**-na pa-ra-**bo**-lee-ka*

What is the voltage here?
¿Qué voltaje hay aquí?
*kay bol-**ta**-hay eye a-**kee***

Is there — a casino?
¿Hay — casino?
*eye — ka-**see**-no*

— a hairdryer?
— secador de pelo?
*— se-ka-**dor** day **pay**-lo*

— a lift?
— ascensor?
*— as-then-**sor***

— a minibar?
— minibar?
*— mee-nee-**bar***

— a sauna?
— sauna?
*— **sow**-na*

— a swimming pool?
— piscina?
— *pees-**thee**-na*

— a telephone?
— teléfono?
— *te-**le**-fo-no*

— a television?
— televisión?
— *te-lay-bee-**syon***

— a trouser press?
— plancha para pantalones?
— ***plan**-cha **pa**-ra pan-ta-**lo**-nes*

Is there a room service menu?
¿Hay menú para el servicio de habitaciones?
*eye me-**noo** **pa**-ra el sair-**bee** thee-o day a-bee-ta-**thyo**-nes*

Is there a market in the town?
¿Hay algún mercado en la ciudad?
*eye al-**goon** mair-**ka**-do en la thee-oo-**dad***

Is there a Chinese restaurant?
¿Hay algún restaurante chino?
*eye al-**goon** re-sto-**ran**-tay **chee**-no*

Is there an Indian restaurant?
¿Hay algún restaurante indio?
*eye al-**goon** re-sto-**ran**-tay **een**-dee-o*

Reservations and enquiries

Is this a safe area?
¿Es ésta una zona segura?
*es **es**-ta **oo**-na **tho**-na se-**goo**-ra*

Where is the socket for my razor?
¿Dónde está el enchufe de la máquina de afeitar?
don**-day es-**ta** el en-**choo**-fay day la **ma**-kee-nee-ya day a-fay-**tar

Is the voltage 220 or 110?
¿Es el voltaje de doscientos veinte o de ciento diez?
*es el bol-**ta**-hay day dos-thee-**en**-tos **bain**-tay o day thee-**en**-to **dee**-eth*

What time does the hotel close?
¿A qué hora cierra el hotel?
*a kay **o**-ra thee-**e**-ra el o-**tel***

What time does the restaurant close?
¿A qué hora cierra el restaurante?
*a kay **o**-ra thee-**e**-ra el re-sto-**ran**-tay*

When does the bar open?
¿Cuándo se abre el bar?
***kwan**-do say **a**-bray el bar*

What time is — breakfast?
¿Á qué hora es — el desayuno?
*a kay **o**-ra es — el des-a-**yoo**-no*

— dinner?
— la cena
— *la **thay**-na*

— lunch?
— la comida?
— *la ko-**mee**-da*

Service

Can I charge this to my room?
¿Puede cargar esto a mi cuenta?
***pwe**-day kar-**gar** **es**-to a mee **kwen**-ta*

Can I dial direct from my room?
¿Puedo marcar directamente desde mi habitación?
pwe**-do mar-**kar** dee-rek-ta-**men**-tay **dez**-day mee a-bee-ta-**thyon

Can I have a newspaper?
¿Me da un periódico?
*may da oon pe-ree-**o**-dee-ko*

Can I have an outside line?
¿Me da línea, por favor?
*may da **lee**-nay-a, por fa-**bor***

Can I have my wallet from the safe?
¿Puedo sacar mi cartera de la caja fuerte?
pwe**-do sa-**kar** mee kar-**tair**-a day la **ka**-ha **fwair**-tay, por fa-**bor

Service

Can I have the bill please
¿Puede darme la factura, por favor?
*pwe-day **dar**-may la fak-**too**-ra, por fa-**bor***

Can I hire a portable telephone?
¿Puedo alquilar un teléfono portátil?
*pwe-do al-kee-**lar** oon te-**le**-fo-no por-**ta**-teel*

Can I make a telephone call from here?
¿Puedo hacer una llamada telefónica desde aquí?
*pwe-do a-**thair** oo-na ya-**ma**-da te-le-**fo**-nee-ka **dez**-day a-**kee***

Can I send this by courier?
¿Puedo enviar esto por mensajero?
*pwe-do en-**byar es**-to por men-sa-**hair**-o*

Can I use my charge card?
¿Puedo utilizar mi tarjeta de pago?
*pwe-do oo-tee-lee-**thar** mee tar-**hay**-ta day **pa**-go*

Can I use my personal computer here?
¿Puedo utilizar aquí mi ordenador personal?
*pwe-do oo-tee-lee-**thar** a-**kee** mee or-de-na-**dor** pair-so-**nal***

Can I use traveller's cheques?
¿Puedo utilizar cheques de viaje?
*pwe-do oo-tee-lee-**thar che**-kays day bee-**a**-hay*

Can we have breakfast in our room, please?
¿Podemos desayunar en la habitación, por favor?
*po-**day**-mos des-a-yoo-**nar** en la a-bee-ta-**thyon**, por fa-**bor***

Can you recommend a good local restaurant?
¿Puede recomendar un buen restaurante cercano?
*pwe-day re-ko-men-**dar** oon bwen re-sto-**ran**-tay thair-**ka**-no*

I want to stay an extra night
Quiero quedarme una noche más
*kee-**e**-ro ke-**dar**-may **oo**-na **no**-chay mas*

Do I have to change rooms?
¿Tengo que cambiarme de habitación?
*ten-go kay kam-**byar** may day a-bee-ta-**thyon***

I need an early morning call
Necesito que me llame por la mañana temprano
*ne-the-**see**-to kay may **ya**-may por la man-**ya**-na tem-**pra**-no*

I need — a razor
Necesito — una maquinilla de afeitar
*ne-the-see-to — **oo**-na ma-kee-**nee**-ya day a-fay-**tar***

— some soap
— jabón
— *ha-**bon***

— some toilet paper
— papel higiénico
— *pa-**pel** ee-**hyen**-ee-ko*

— some towels
— toallas
— *to-**a**-yas*

Service

I need to charge these batteries
Tengo que cargar estas pilas
*ten-go kay kar-**gar** **es**-tas **pee**-las*

I want to press these clothes
Quiero planchar esta ropa
*kee-**e**-ro plan-**char** **es**-ta **ro**-pa*

Is there a trouser press I can use?
¿Hay prensa para pantalones que pueda usar?
*eye **pren**-sa **pa**-ra pan-ta-**lo**-nes kay **pwe**-do oo-**sar***

Please fill the minibar
Por favor, llene el minibar
*por fa-**bor**, **ye**-nay el mee-nee-**bar***

Please leave the bags in the lobby
Por favor, deje las bolsas en el vestíbulo
*por fa-**bor**, **de**-hay las **bol**-sas en el bes-**tee**-boo-lo*

Please send this fax for me
Por favor, envie este fax de mi parte
*por fa-**bor**, en-**bee**-ay **es**-tay faks day mee **par**-tay*

Please turn the heating off
Apague la calefacción, por favor
*a-**pa**-gay la ka-le-fak-**thyon**, por fa-**bor***

Please, wake me at 7 o'clock in the morning
Por favor, llámeme a las siete de la mañana
*por fa-**bor**, **ya**-may-may a las see-**e**-tay day la man-**ya**-na*

Where can I send a fax?
¿Dónde puedo enviar un fax?
***don**-day **pwe**-do en-**byar** oon faks*

Can I have — my key, please?
¿Puede darme — mi llave, por favor?
pwe**-day **dar**-may— mee **ya**-bay, por fa-**bor

— an ashtray?
— un cenicero?
— *oon the-nee-**thair**-o*

— another blanket?
— otra manta?
— ***o**-tra **man**-ta*

— another pillow?
— otra almohada?
— ***o**-tra al-mo-**a**-da*

— some coat hangers?
— algunas perchas?
— *al-**goo**-nas **pair**-chas*

— some notepaper?
— papel de cartas?
— *pa-**pel** day **kar**-tas*

Has my colleague arrived yet?
¿Ha llegado mi compañero?
*a ye-**ga**-do mee kom-pan-**ye**-ro*

Problems

I am expecting a fax
Estoy esperando un fax
*es-**toy** es-pe-**ran**-do oon faks*

My room number is 22
El número de mi habitación es el veintidós
*el **noo**-me-ro day mee a-bee-ta-**thyon** es el bain-tee-**dos***

Please can I leave a message?
¿Puedo dejar un mensaje, por favor?
pwe**-do de-**har** oon men-**sa**-hay, por fa-**bor

Problems

Where is the manager?
¿Dónde está el gerente?
***don**-day es-**ta** el he-**ren**-tay*

I cannot close the window
No puedo cerrar la ventana
*no **pwe**-do the-**rar** la ben-**ta**-na*

I cannot open the window
No puedo abrir la ventana
*no **pwe**-do a-**breer** la ben-**ta**-na*

The air conditioning is not working
No funciona el aire acondicionado
*no foon-**thyo**-na el **eye**-ray a-kon-dee-thyo-**na**-do*

The room key does not work
No funciona la llave de la habitación
*no foon-**thyo**-na la **ya**-bay day la a-bee-ta-**thyon***

The bathroom is dirty
El cuarto de baño está sucio
*el **kwar**-to day **ban**-yo es-**ta** **soo**-thyo*

The heating is not working
No funciona la calefacción
*no foon-**thyo**-na la ka-le-fak-**thyon***

The light is not working
No funciona la luz
*no foon-**thyo**-na la looth*

The room is not serviced
La habitación no está preparada
*la a-bee-ta-**thyon** no es-**ta** pre-pa-**ra**-da*

The room is too noisy
La habitación es demasiado ruidosa
*la a-bee-ta-**thyon** es de-ma-**sya**-do roo-ee-**do**-so*

There are no towels in the room
No hay toallas en la habitación
*no eye to-**a**-yas en la a-bee-ta-**thyon***

There is no hot water
No hay agua caliente
*no eye **a**-gwa ka-lee-**en**-tay*

Checking out

There is no plug for the washbasin
No hay tapón en el lavabo
*no eye ta-**pon** en el la-**ba**-bo*

Checking out

I have to leave tomorrow
Tengo que irme mañana
*ten-go kay **eer**-may man-**ya**-na*

We will be leaving early tomorrow
Nos iremos mañana temprano
*nos ee-**ray**-mos man-**ya**-na tem-**pra**-no*

Could you have my bags brought down?
¿Podría hacer que me bajen las bolsas?
*po-**dree**-a a-**thair** kay may **ba**-hen las **bol**-sas*

Could you order me a taxi?
¿Puede pedirme un taxi?
*pwe-day pe-**deer**-may oon **tak**-see*

Thank you, we enjoyed our stay
Gracias, hemos disfrutado de nuestra estancia
*gra-thee-as, **ay**-mos dees-froo-**ta**-do day **nwes**-tra e-**stan**-thee-a*

Other Accommodation

Apart from hotels, hostales and paradores, other accommodation options in Spain include self-catering apartments (*aparthotels*) or villas, camping and hostelling. Many of the major tour operators have a self-catering programme of villas and apartment as well as hotel holidays, or you can book your own through the Spanish Tourist Office (*Oficina Nacional Española*), 57–58 St James's, London SW1A 1LD.

Self-catering

Self-catering has become a popular alternative to hotel accommodation in Spain. Most of what's on offer is modern, but standards can vary quite significantly. Although individual villas are available for rent through several tour operators, most of the self-catering accommodation available is in either apartments or small villas within a complex.

Most apartments will provide only basic cooking facilities. You should have enough crockery, cutlery, pots and utensils to see you through simple meals, but there are rarely any electrical gadgets to make life easier. Cookers may be little more than a couple of electric rings – don't assume that facilities such as ovens will be available.

Prices of self-catering packages generally depend on the

number of occupants staying in the apartment. It is common to count sofa beds as sleeping space for two of your party. On a two-week holiday this can make your apartment seem cramped, so check how your party is going to be accommodated.

Villa complexes, or *urbanizaciones*, can be found all along the Mediterranean coasts as well as in the Balearic Islands and in the Canary Islands. Although most are booked through package arrangements, you may be able to arrange a booking on the spot. Villa complexes are unlikely to accept a booking of less than a week, but apartments and aparthotels will often agree to shorter stays. In villas you may be asked to pay a deposit on top of the rental charges. Charges usually include services such as gas and electricity, but be sure to confirm this. Maid service is usually provided only weekly, but it is sometimes possible to arrange additional service and also baby-sitting.

Renting a house

We have rented this villa
Hemos alquilado este chalé
*ay-mos al-kee-**la**-do **es**-tay cha-**lay***

Here is our booking form
Aquí tiene nuestra reserva
*a-**kee** tee-**e**-nay **nwes**-tra re-**sair**-ba*

Renting a house

We need two sets of keys
Necesitamos dos juegos de llaves
*ne-the-see-**ta**-mos dos **hway**-gos day **ya**-bes*

Can I contact you on this number?
¿Puedo contactarle en este teléfono?
***pwe**-do kon-tak-**tar**-lay en **es**-tay te-**le**-fo-no*

Where is the bathroom?
¿Dónde está el baño?
***don**-day es-**ta** el **ban**-yo*

How does this work?
¿Cómo funciona ésto?
***ko**-mo foon-**thyo**-na **es**-to*

I cannot open the shutters
No puedo abrir los postigos
*no **pwe**-do a-**breer** los po-**stee**-gos*

Can you send a repairman?
¿Puede enviar alguien a reparar?
pwe**-day en-**byar al**-gee-en a re-pa-**rar

Is the water heater working?
¿Funciona el calentador de agua?
*foon-**thyo**-na el ka-len-ta-**dor** day **a**-gwa*

Is the water safe to drink?
¿El agua es potable?
*el **a**-gwa es po-**ta**-blay*

Renting a house

Is there any spare bedding?
¿Hay ropa de cama de más?
*eye **ro**-pa day **ka**-ma day mas*

The cooker does not work
No funciona la cocina
*no foon-**thyo**-na la ko-**thee**-na*

The refrigerator does not work
No funciona el frigorífico
*no foon-**thyo**-na el free-go-**ree**-fee-ko*

The toilet is blocked
El inodoro está atascado
*el een-o-**do**-ro es-**ta** a-ta-**ska**-do*

There is a leak
Hay un escape
*eye oon es-**ka**-pay*

We do not have any water
No tenemos agua
*no te-**nay**-mos **a**-gwa*

When does the cleaner come?
¿Cuándo vienen a limpiar?
kwan**-do bee-**e**-nen a leem-**pyar

Where is the fuse box?
¿Dónde están los plomos?
***don**-day es-**tan** los **plo**-mos*

Where is the key for this door?
¿Dónde está la llave de esta puerta?
***don**-day es-**ta** la **ya**-bay day **es**-ta **pwair**-ta*

Around the house

bath
baño
***ban**-yo*

bathroom
cuarto de baño
***kwar**-to day **ban**-yo*

bed
cama
***ka**-ma*

brush
cepillo
*the-**pee**-yo*

can opener
abrelatas
*a-bray-**la**-tas*

chair
silla
***see**-ya*

cooker
cocina
*ko-**thee**-na*

corkscrew
sacacorchos
*sa-ka-**kor**-chos*

cup
taza
***ta**-tha*

fork
tenedor
*te-ne-**dor***

glass
vaso
***ba**-so*

inventory
inventario
*een-ven-**ta**-ryo*

Around the house

kitchen
cocina
*ko-**thee**-na*

knife
cuchillo
*koo-**chee**-yo*

mirror
espejo
*es-**pe**-ho*

pan
sartén
*sar-**ten***

plate
plato
***pla**-to*

refrigerator
frigorífico
*free-go-**ree**-fee-ko*

rubbish
basura
*ba-**soo**-ra*

sheet
sábana
***sa**-ba-na*

sink
fregadero
*fre-ga-**dair**-o*

spoon
cuchara
*coo-**cha**-ra*

stove
estufa
*es-**too**-fa*

table
mesa
***may**-sa*

tap
grifo
***gree**-fo*

toilet
inodoro
*een-o-**do**-ro*

vacuum cleaner
aspirador
*as-pee-ra-**dor***

washbasin
lavabo
*la-**ba**-bo*

Camping

With a coastal climate conducive to being out of doors for much of the day, it's not surprising that camping is popular on the Mediterranean coasts, which is where most of Spain's 700-plus camp sites are located, particularly in the north, on the Costa Brava and Costa Dorada. But camping isn't restricted to the mainland. There are sites on both the Balearic and Canary Islands. Most sites are open only during the summer months, but some of those in areas of more favourable climate are open all year round.

Camping in Spain is for the most part restricted to camp sites. All camp sites are rated in categories from one (first class) to three (third class), depending on the facilities and services provided. Category one is the top of the range – in addition to the basic facilities of showers, toilets and a laundry, there should be a shop on the site, selling general goods, and a public telephone.

You can expect some of the sites in the top two categories to have shade, but this may well be at a premium during the hotter months, when the shady spots will be snapped up first.

Many camp sites will have some sort of café or restaurant to give you a break from the barbecue. It's worth finding out exactly what catering there is, since it could be quite a walk to the nearest resort or village.

All sites should have a post box and first-aid facilities, and

Camping carnet

bottled gas (usually Camping Gas only) is available at all but the most basic of places. Some of the better sites will have recreational facilities, including swimming pools and tennis courts. Very few camp sites have tents or equipment for hire. Some will have holiday chalets and cabins to let.

Rates for camp sites are based on a 24-hour period, starting at midday. There are usually reductions available for long stays.

The Spanish Tourist Office (*Oficina Nacional Española*), 57–58 St James's, London SW1A 1LD, can provide you with information. It's worth booking in advance if you plan to visit Spain during the busy summer months. Once in Spain, the *Guía Oficial de Campings*, available in bookshops, gives details of most sites, and local tourist offices can give you information on the nearest sites.

Camping carnet

A camping carnet provides not only an alternative to your passport as identity but also gives third-party insurance cover. Many camp sites still prefer you to have a carnet, although you should no longer be refused entry, as was once the case. They are available from both the AA and RAC.

Camping rough

You can camp on open ground, with the owner's permission, but not in mountainous regions or on beaches. And there are other rules: you are not allowed to camp within a kilometre of a town or village, near a national monument or within 150 metres of a main road or a drinking water supply; camps are restricted to a maximum of three tents and no more than ten people; you are allowed to stay in any camp for a maximum of three days; campfires are not permitted within 200 metres of a main road. (Fire is a major risk during the dry summers, and extreme care should be taken.)

Taking a caravan

Taking a caravan across the Channel can be expensive. It is worthy studying closely the available options on the various ferry services and Le Shuttle. Most companies charge according to length, although some also consider the height. Surprisingly, some peak-time ferry sailings have cheap rates for caravans, and several companies provide a substantial discount on return bookings.

If you're planning on taking a caravan, bear in mind that roads can get very congested in the summer, particularly along the Mediterranean coast, and that crossing the wide central plateau in searing summer heat can be quite an ordeal. It's worth considering either a late spring or an early autumn break. Only some camp sites allow caravans, usually the bigger and more expensive ones.

Speed limits for cars towing caravans differ from the standard limits for cars. They are:

Built-up areas: 60 kph (37 mph)

Useful camping questions

Single lane: 70 kph (43 mph)
Dual carriageway: 80 kph (49 mph)
Motorways: 80 kph (49 mph)
Note that cars with caravans and trailers are charged approximately twice the toll of cars on motorways. Be sure to include your caravan or trailer in your Green Card arrangements before setting off.

Useful camping questions

Can we camp in your field?
¿Podemos acampar en su terreno?
*po-**day**-mos a-kam-**par** en soo te-**ray**-no*

Can we camp near here?
¿Podemos acampar cerca de aquí?
*po-**day**-mos a-kam-**par thair**-ka day a-**kee***

Please can we pitch our tent here?
¿Podríamos montar la tienda aquí?
*po-**dree**-a-mos mon-**tar** la tee-**en**-da a-**kee***

Can we park our caravan here?
¿Podemos aparcar la caravana aquí?
*po-**day**-mos a-par-**kar** la ka-ra-**ba**-na a-**kee***

Do I pay in advance?
¿Tengo que pagar de antemano?
***ten**-go kay pa-**gar** day an-tay-**ma**-no*

Useful camping questions

Do I pay when I leave?
¿Tengo que pagar al salir?
*ten-go kay **pa**-gar al sa-**leer***

Is there a more sheltered site?
¿Hay algún lugar más resguardado?
*eye al-**goon** loo-**gar** mas res-gwar-**da**-do*

Is there a restaurant or a shop on the site?
¿Hay alguna tienda o restaurante en el camping?
*eye al-**goo**-na tee-**en**-da o re-sto-**ran**-tay en el **kam**-peen*

Is there another camp site near there?
¿Hay algún otro camping cercano?
*eye al-**goon** o-tro **kam**-peen thair-**ka**-no*

Is this the drinking water?
¿Es ésta el agua potable?
*es **es**-ta el **a**-gwa po-**ta**-blay*

The site is very wet and muddy
El terreno está muy húmedo y lleno de barro
*el te-**ray**-no es-**ta** mwee **oo**-me-do ee **ye**-no day **ba**-ro*

Where are the toilets?
¿Dónde están los servicios?
*don-day es-**tan** los sair-**bee**-thee-os*

Where can I buy gas?
¿Dónde se puede comprar gas?
*don-day say **pwe**-day com-**prar** gas*

Around the camp site

Where can I have a shower?
¿Dónde puedo ducharme?
***don**-day **pwe**-do doo-**char**-may*

Where can we wash our dishes?
¿Dónde podemos fregar los platos?
***don**-day po-**day**-mos fre-**gar** los **pla**-tos*

Around the camp site

air mattress
colchoneta hinchable
*kol-cho-**nay**-ta een-**cha**-blay*

backpack
mochila
*mo-**chee**-la*

bottle-opener
abrebotellas
*a-bray-bo-**te**-yas*

bucket
balde
***bal**-day*

camp bed
cama plegable
***ka**-ma ple-**ga**-blay*

camp chair
silla plegable
***see**-ya ple-**ga**-blay*

can-opener
abrelatas
*a-bray-**la**-tas*

candle
vela
***bay**-la*

cup
taza
***ta**-tha*

fire
fuego
***fway**-go*

flashlight
linterna
*leen-**tair**-na*

fly sheet
toldo impermeable
***tol**-do eem-pair-may-**a**-blay*

folding table
mesa plegable
***may**-sa ple-**ga**-blay*

fork
tenedor
*te-ne-**dor***

frying pan
sartén
*sar-**ten***

ground sheet
suelo impermeable
***sway**-lo eem-pair-may-**a**-blay*

ground
suelo
***sway**-lo*

guy line
viento
*bee-**en**-to*

knife
cuchillo
*koo-**chee**-yo*

mallet
mazo
***ma**-tho*

matches
cerillas
*the-**ree**-yas*

pail
cubo
***koo**-bo*

penknife
navaja
*na-**ba**-ha*

plate
plato
***pla**-to*

rucksack
mochila
*mo-**chee**-la*

shelter
refugio
*re-foo-**hyo***

Hostelling

sleeping bag
saco de dormir
*sa-ko day dor-**meer***

spoon
cuchara
*koo-**cha**-ra*

stove
hornilla
*or-**nee**-ya*

tent peg
clavija
*kla-**bee**-ha*

tent pole
mástil de tienda
*ma-**steel** day tee-**en**-da*

tent
tienda
*tee-**en**-da*

thermos flask
termo
***tair**-mo*

torch
linterna
*leen-**tair**-na*

Hostelling

Most Spanish hostels belong to the Red Española de Albergues Juveniles (REAJ) and are listed in the annual directory published by Hostelling International. Rates vary dependng on the season and whether you are under 26. You do not always need a Hostelling International membership card, but may have to pay more without one. The address of REAJ is Calle José Ortega y Gasset 71, 28006 Madrid.

Is there a youth hostel near here?
¿Hay algún albergue juvenil cercano?
*eye al-**goon** al-**bair**-gay hoo-be-**neel** thair-**ka**-no*

Can we stay here five nights
¿Podemos quedarnos aquí cinco noches?
*po-**day**-mos ke-**dar**-nos a-**kee theen**-ko **no**-ches*

Can we stay until Sunday?
¿Podemos quedarnos hasta el domingo?
*po-**day**-mos ke-**dar**-nos **a**-sta el do-**meen**-go*

Here is my membership card
Aquí está mi tarjeta de socio
*a-**kee** es-**ta** mee tar-**hay**-ta day so-**thee**-o*

I do not have my card
No tengo mi tarjeta
*no **ten**-go mee tar-**hay**-ta*

Can I join here?
¿Puedo hacerme socio aquí?
pwe**-do a-**thair**-may **so**-thee-o a-**kee

Are you open during the day?
¿Está esto abierto durante el día?
*es-**ta** a-bee-**air**-to doo-**ran**-tay el **dee**-a*

Can I use the kitchen?
¿Puedo utilizar la cocina?
***pwe**-do oo-tee-lee-**thar** la ko-**thee**-na*

What time do you close?
¿A qué hora cierran?
*a kay **o**-ra thee-**e**-ran*

Childcare

Do you serve meals?
¿Sirven comidas?
seer-ben ko-mee-das

— to take away?
— para llevar?
— pa-ra ye-bar

Childcare

Can you warm this milk for me?
¿Puede calentarme esta leche?
pwe-day ka-len-tar-may es-ta le-chay

Do you have a high chair?
¿Tiene alguna silla alta?
tee-e-nay al-goo-na see-ya al-ta

Is there a baby-sitter?
¿Hay una canguro?
eye oo-na kan-goo-ro

Is there a cot for our baby?
¿Hay alguna cuna para nuestro bebé?
eye al-goo-na coo-na pa-ra nwes-tra be-bay

Is there a paddling pool?
¿Hay piscina para niños?
eye pees-thee-na pa-ra neen-yos

Childcare

Is there a swimming pool?
¿Hay piscina?
*eye pees-**thee**-na*

Is there a swing park?
¿Hay parque de columpios?
*eye **par**-kay day ko-**loom**-pyos*

I am very sorry. That was very naughty of him
Lo siento mucho. Ha sido una travesura suya
*lo **syen**-to **moo**-cho. A **see**-do **oo**-na tra-be-**soo**-ra **soo**-ya*

It will not happen again
No volverá a ocurrir
*no bol-bair-**a** a o-koo-**reer***

How old is your daughter?
¿Cuántos años tiene su hija?
***kwan**-tos **an**-yos tee-**e**-nay soo **ee**-ha*

My daughter is 7 years old
Mi hija tiene siete años
*mee **ee**-ha tee-**e**-nay see-**e**-tay **an**-yos*

My son is 10 years old
Mi hijo tiene diez años
*mee **ee**-ho tee-**e**-nay **dee**-eth **an**-yos*

She goes to bed at nine o'clock
Se acuesta a las nueve
*say a-**kwe**-sta a las **nwe**-bay*

Childcare

We will be back in two hours
Volveremos dentro de dos horas
*bol-bair-**ay**-mos **den**-tro day dos **o**-ras*

Where can I buy some disposable nappies?
¿Dónde puedo comprar pañales desechables?
***don**-day **pwe**-do kom-**prar** pan-**ya**-les des-e-**cha**-bles*

Where can I change the baby?
¿Dónde puedo cambiar al bebé?
don**-day **pwe**-do kam-**byar** al be-**bay

Where can I feed my baby?
¿Dónde puedo dar de comer al bebé?
don**-day **pwe**-do dar day ko-**mair** al be-**bay

GETTING AROUND

Opening hours

Local tourist offices vary widely but are usually open Monday to Friday from 9.00 or 10.00am until 1.00 or 2.00pm. They close for lunch and re-open at 4.30pm until 7.00pm.

Post offices (*oficinas de correos*) are open in the mornings and again from 5.00pm to 7.00pm Monday to Friday and on Saturday mornings. Stamps (*sellos*) are also available from tobacconists (*estancos*) and from hotels.

Banks are open Monday to Friday from 8.30am to 2.00pm and on Saturdays from 9.00am until 1.00pm.

Museums open usually at 9.00 or 10.00 am but close for lunch. Some (but not all) reopen in the late afternoon. Many are closed all day on Mondays.

Most offices, shops and museums are closed on public holidays (*see* page 228).

Asking for directions

Where is — the art gallery?
¿Dónde está — el museo de arte?
***don**-day es-**ta**— el moo-**say**-o day **ar**-tay*

Asking for directions

— the post office?
— el correos?
— *el ko-**ray**-os*

— the Tourist Information Service?
— la Oficina de Turismo?
— *la o-fee-**thee**-na day too-**reez**-mo*

Can you tell me the way to the bus station?
¿Puede indicarme el camino a la estación de autobuses?
***pwe**-day een-dee-**kar**-may el ka-**mee**-no a la e-sta-**thyon** day ow-to-**boo**-ses*

I am lost
Estoy perdido / perdida
*es-**toy** pair-**dee**-do / pair-**dee**-da*

I am lost. How do I get to the Carlos Quinto Hotel?
Estoy perdido / perdida. ¿Cómo se llega al Hotel Carlos Quinto?
*es-**toy** pair-**dee**-do / pair-**dee**-da. **Ko**-mo say **ye**-ga al o-**tel** **Kar**-los **Keen**-to*

Can you show me on the map?
¿Puede indicarme en el mapa?
***pwe**-day een-dee-**kar**-may en el **ma**-pa*

May I borrow your map?
¿Puede prestarme el mapa?
***pwe**-day pre-**star**-may el **ma**-pa*

We are looking for a restaurant
Estamos buscando un restaurante
*es-**ta**-mos boo-**skan**-do oon re-sto-**ran**-tay*

Where are the toilets?
¿Dónde están los servicios?
***don**-day es-**tan** los sair-bee-**thee**-os*

I am looking for the Tourist Information Office
Estoy buscando la Oficina de Turismo
*es-**toy** boo-**skan**-do la o-fee-**thee**-na day too-**reez**-mo*

I am trying to get to the market
Quiero ir al mercado
*kee-**e**-ro eer al mair-**ka**-do*

Can you walk there?
¿Se puede ir andando hasta allí?
*say **pwe**-day eer an-**dan**-do **a**-sta a-**yee***

Is it far?
¿Está lejos?
*es-**ta lay**-hos*

I want to go to the theatre
Quiero ir al teatro
*kee-**e**-ro eer al tay-**a**-tro*

Is there a bus that goes there?
¿Hay algún autobús que vaya allí?
a**-ee al-**goon** ow-to-**boos** kay ba-ya a-**yee

Directions – by road

Where do I get a bus for the city centre?
¿Dónde puedo coger el autobús al centro de la ciudad?
don**-day **pwe**-do ko-**hair** el ow-to-**boos** al **then**-tro day la thee-oo-**dad

Is there a train that goes there?
¿Hay algún tren que vaya allí?
*eye al-**goon** tren kay **ba**-ya a-**yee***

Directions – by road

Where does this road go to?
¿Adónde va esta carretera?
*a-**don**-day ba **es**-ta ka-re-**tair**-a*

Do I turn here for Jaca?
¿Tengo que girar aquí para Jaca?
***ten**-go kay hee-**rar** a-**kee** pa-ra **ha**-ka*

How do I get onto the motorway?
¿Por dónde se entra a la autopista?
*por **don**-day say **en**-tra a la ow-to-**pee**-sta*

How far is it to Toledo?
¿Qué distancia hay a Toledo?
*kay dee-**stan**-thee-a eye a to-**lay**-do*

How long will it take to get there?
¿Cuánto se tarda en ir allí?
kwan**-to say **tar**-da en eer a-**yee

I am looking for the next exit
Busco la siguiente salida
***boos**-ko la see-gee-**en**-tay sa-**lee**-da*

Is there a filling station near here?
¿Hay una gasolinera aquí cerca?
*a-ee **oo**-na ga-so-lee-**nair**-a a-**kee thair**-ka*

Is this the right way to the supermarket?
¿Es éste el camino al supermercado?
*es **es**-tay el ka-**mee**-no al soo-pair-mair-**ka**-do*

Which is the best route to Pamplona?
¿Cuál es la mejor carretera para Pamplona?
*kwal es la me-**hor** ka-re-**tair**-a **pa**-ra Pam-**plo**-na*

Which is the fastest route?
¿Cuál es la carretera más rapida?
*kwal es la ka-re-**tair**-a mas **ra**-pee-da*

Which road do I take to Segovia?
¿Qué carretera debo coger para Segovia?
*kay ka-re-**tair**-a **de**-bo ko-**hair pa**-ra se-**go**-bee-a*

Directions – what you may hear

Vaya — hasta . . .
***by**-a — a-sta . . .*
You go — as far as . . .

Directions – what you may hear

— a la izquierda
*— a la eeth-**kyair**-da*
— left

— a la derecha
*— a la de-**ray**-cha*
— right

Vaya hacia . . .
***by**-a **a**-thya . . .*
You go towards . . .

Está — en el cruce
*es-**ta** — en el **croo**-thay*
It is — at the crossroads

— a la vuelta de la esquina
*— a la **bwel**-ta day la es-**kee**-na*
— around the corner

— bajo el puente
*— **ba**-ho el **pwen**-tay*
— under the bridge

— después del semáforo
*— des-**pwes** del se-**ma**-fo-ro*
— after the traffic lights

— junto al cine
*— **hoon**-to al **thee**-nay*
— next to the cinema

Directions – what you may hear

— en el siguiente piso
— *en el see-gee-**en**-tay **pee**-so*
— on the next floor

— frente a la estación de ferrocarril
— ***fren**-tay a la es-ta-**thyon** day fe-ro-ka-**reel***
— opposite the railway station

— allí
— *a-**yee***
— over there

Atraviese la calle
*a-tra-bee-**ay**-say la **ka**-yay*
Cross the street

Siga las señales a . . .
***see**-ga las sen-**ya**-les a . . .*
Follow the signs for . . .

— el próximo cruce
— *el **prok**-see-mo **croo**-thay*
— the next junction

— la autopista
— *la ow-to-**pee**-sta*
— the motorway

— la plaza
— *la **pla**-tha*
— the square

Directions – what you may hear

Siga todo recto
***see**-ga **to**-do **rek**-to*
Keep going straight ahead

Gire a la izquierda
***hee**-ray a la eeth-**kyair**-da*
Turn left

Gire a la derecha
***hee**-ray a la de-**ray**-cha*
Turn right

Tiene que dar la vuelta
*tee-**e**-nay kay dar la **bwel**-ta*
You have to go back

Coja la primera carretera a la derecha
***ko**-ha la pree-**mair**-a ka-re-**tair**-a a la de-**ray**-cha*
Take the first road on the right

Coja la carretera de Simancas
***ko**-ha la ka-re-**tair**-a day see-**man**-kas*
Take the road for Simancas

Coja la segunda carretera a la izquierda
***ko**-ha la se-**goon**-da ka-re-**tair**-a a la eeth-**kyair**-da*
Take the second road on the left

Hiring a car

The large international car hire firms all operate in Spain as well as local companies, and there is a wide range of cars available at differing prices. In theory you will need an International Driving Permit or a European Union driving licence but in practice a driving licence from any major country is sufficient. The basic hire charge excludes third-party insurance, VAT (IVA) and collision damage waiver. You must be over 21 and have held a driving licence for at least two years. You will usually have to pay by credit card. It is often worth arranging car hire in advance through an international firm or a fly-drive deal.

I want to hire a car
Quiero alquilar un coche
*kee-**e**-ro al kee **lar** oon **ko**-chay*

I need it for 2 weeks
Lo quiero para dos semanas
*lo kee-**e**-ro **pa**-ra dos se-**ma**-nas*

Can I hire a car?
¿Es posible alquilar un coche?
*es po-**see**-blay al-kee-**lar** oon **ko**-chay*

Can I hire a car with an automatic gearbox?
¿Puedo alquilar un coche con cambio automático?
***pwe**-do al-kee-**lar** oon **ko**-chay kon kam-**byo** ow-to-**ma**-tee-ko*

Hiring a car

Please explain the documents
Por favor, explíqueme los documentos
*por fa-**bor**, eks-**plee**-kay-may los do-koo-**men**-tos*

We will both be driving
Conduciremos los dos
kon-doo-thee-ray-mos los dos

Do you have — a large car?
¿Tiene — un coche grande?
*tee-**e**-nay — oon **ko**-chay **gran**-day*

— a smaller car?
— un coche más pequeño?
*— oon **ko**-chay mas pe-**ken**-yo*

— an automatic?
— un coche con cambio automático?
*— oon **ko**-chay kon kam-**byo** ow-to-**ma**-tee-ko*

— an estate car?
— una furgoneta?
*— **oo**-na foor-go-**nay**-ta*

I want to leave the car at the airport
Quiero dejar el coche en el aeropuerto
*kee-**e**-ro de-**har** el **ko**-chay en el a-air-o-**pwair**-to*

I would like to leave the car at the airport
Me gustaría dejar el coche en el aeropuerto
*may goo-sta-**ree**-a de-**har** el **ko**-chay en el a-air-o-**pwair**-to*

Is there a charge per kilometre?
¿Se cobra el kilometraje?
*say **ko**-bra el kee-lo-me-**tra**-hay*

Must I return the car here?
¿Tengo que devolver el coche aquí?
ten**-go kay de-bol-**bair** el **ko**-chay a-**kee

Can I pay for insurance?
¿Puedo pagar un seguro?
***pwe**-do pa-**gar** oon se-**goo**-ro*

Do I have to pay a deposit?
¿Tengo que pagar algún depósito?
***ten**-go kay pa-**gar** oon de-**po**-zee-to*

How does the steering lock work?
¿Cómo funciona el antirrobo?
***ko**-mo foon-**thyo**-na el an-tee-**ro**-bo*

I would like a spare set of keys
Me gustaría tener un juego de llaves de repuesto
*may goo-sta-**ree**-a te-**nair** oon **hway**-go day **ya**-bes day re-**pwes**-to*

Where is reverse gear?
¿Dónde está la marcha atrás?
don**-day es-**ta** la **mar**-cha a-**tras

Where is the tool kit?
¿Dónde está la caja de herramientas?
***don**-day es-**ta** la **ka**-ha day e-ra-**myen**-tas*

By taxi

Please show me how to operate the lights
Por favor, enséñeme cómo manejar las luces
*por fa-**bor**, en-**sen**-yay-may **ko**-mo ma-ne-**har** las **loo**-thes*

Please show me how to operate the windscreen wipers
Por favor, enséñeme cómo manejar los limpiaparabrisas
*por fa-**bor**, en-**sen**-yay-may **ko**-mo ma-ne-**har** los leem-pya-pa-ra-**bree**-sas*

By taxi

Taxis are easy to find in major towns and resort areas. They are distinguished by a green light on top and/or by colouring – black or white, with a broad stripe on the side. In cities, taxis can be hailed in the street – they display a *libre* sign if available for hire. Rates are reasonable and normally metered. Agree the fare first when this is not the case.

Where can I get a taxi?
¿Dónde puedo tomar un taxi?
***don**-day **pwe**-do to-**mar** oon **tak**-see*

Take me to the airport, please
Lléveme al aeropuerto, por favor
ye**-bay-may al a-air-o-**pwair**-to, por fa-**bor

The bus station, please
La estación de autobuses, por favor
*la es-ta-**thyon** day ow-to-**boo**-ses, por fa-**bor***

Please show us around the town
Por favor, enséñenos la ciudad
*por fa-**bor**, en-**sen**-yay-nos la thee-oo-**dad***

Please take me to this address
Por favor, lléveme a esta dirección
*por fa-**bor**, **ye**-bay-may a **es**-ta dee-rek-**thyon***

Could you put the bags in the boot, please?
Puede meter las bolsas en el maletero, por favor
pwe**-day me-**tair** las **bol**-sas en el ma-le-**te**-ro, por fa-**bor

Turn left, please
Gire a la izquierda, por favor
hee**-ray a la eeth-**kyair**-da, por fa-**bor

Turn right, please
Gire a la derecha, por favor
hee**-ray a la de-**ray**-cha, por fa-**bor

Wait for me please
Espéreme, por favor
*es-**pe**-ray-may, por fa-**bor***

Can you come back in one hour?
¿Puede volver dentro de una hora?
***pwe**-day bol-**bair den**-tro day **oo**-na **o**-ra*

Please wait here for a few minutes
Por favor, espere aquí unos minutos
*por fa-**bor**, es-**pe**-ray a-**kee oo**-nos mee-**noo**-tos*

By taxi

Please, stop at the corner
Por favor, pare en la esquina
*por fa-**bor**, **pa**-ray en la es-**kee**-na*

Please, wait here
Espere aquí, por favor
*es-**pe**-ray a-**kee**, por fa-**bor***

I am in a hurry
Tengo prisa
***ten**-go **pree**-sa*

Please hurry, I am late
Dése prisa por favor, se me ha hecho tarde
***day**-say **pree**-sa por fa-**bor**, say may a **e**-cho **tar**-day*

How much is it per kilometre?
¿Cuánto cuesta por kilómetro?
***kwan**-to **kwes**-ta por kee-**lo**-me-tro*

How much is that, please?
¿Cuánto es eso, por favor?
kwan**-to es **e**-so, por fa-**bor

Keep the change
Quédese con el cambio
kay**-day-say kon el kam-**byo

By bus

All significant towns and villages are connected by bus services. They are cheap but slow.

Does this bus go to the castle?
¿Este autobús va al castillo?
*es-tay ow-to-**boos** ba al ka-**stee**-yo*

How frequent is the service?
¿Con qué frecuencia es el servicio?
*kon kay fre-**kwen**-thee-a es el sair-**bee**-thee-o*

What is the fare to the city centre?
¿Cuánto es al centro de la ciudad?
*kwan-to es al **then**-tro day la thee-oo-**dad***

Where should I change?
¿Dónde tengo que cambiar?
*don-day **ten**-go kay kam-**byar***

Which bus do I take for the football stadium?
¿Qué autobús tengo que coger para el estadio de fútbol?
*kay ow-to-**boos ten**-go kay ko-**hair pa**-ra el es-**ta**-dee-o day **foot**-bol*

Where do I get the bus for the airport?
¿Dónde puedo coger el autobús para el aeropuerto?
*don-day **pwe**-do ko-**hair** el ow-to-**boos pa**-ra el a-air-o-**pwair**-to*

By train

Will you tell me when to get off the bus?
¿Me dirá cuándo bajarme del autobús?
*may dee-**ra kwan**-do ba-**har**-may del ow-to-**boos***

When is the last bus?
¿Á que hora es el último autobús?
*a kay **o**-ra es el **ool**-tee-mo ow-to-**boos***

By train

Spain's national railway, RENFE, runs a variety of services that will deliver you to your destination at quite different speeds and levels of comfort.

At the top of the scale is the *Talgo* service, which operates between major cities, with links to France. They are fast, modern, air-conditioned trains. If you have time on your hands, less money or maybe just a sense of romance, there are cheaper and slower services. *Rápido* trains stop only at main stations and, despite their name, are not necessarily fast. The slowest trains of all, *Regionales*, travel between provinces within a region and never miss a stop.

Bookings on RENFE trains can be made through European Rail Travel Ltd and American Express. RENFE operates various discounts, including reductions for travel on Blue Days (*Días Azules*), which are over half the days of the year. If you are anticipating a lot of train travel, you can buy a *Tarjeta Turística*, which you can use for four to ten days' travel within a two-month period.

Inter-Rail cards for passengers under 26 are accepted on Spanish services. You will have to pay part of the fare on some trains, such as the Talgo service. The adult version of the Inter-Rail card is not accepted in Spain.

Car-carrying services operate between various Spanish cities under the name *Auto-Expreso*.

Can I buy a return ticket?
¿Puedo comprar un billete de ida y vuelta?
*pwe-do kom-**prar** oon bee-**ye**-tay day **ee**-da ee **bwel**-ta*

A return (round-trip ticket) to Barcelona, please
Un billete de ida y vuelta a Barcelona, por favor
*oon bee-**ye**-tay day **ee**-da ee **bwel**-ta a bar-the-**lo**-na, por fa-**bor***

A return to Paris, first class
Un billete de ida y vuelta a París, en primera clase
*oon bee-**ye**-tay day **ee**-da ee **bwel**-ta a pa-**rees**, en pree-**mair**-a **kla**-say*

A single (one-way ticket) to Lisbon, please
Un billete de ida a Lisboa, por favor
*oon bee-**ye**-tay day **ee**-da a leez-**bo**-a, por fa-**bor***

A smoking compartment, first class
Compartimento de fumadores, primera clase
*kom-par-tee-**men**-to day foo-ma-**do**-res, pree-**mair**-a **kla**-say*

By train

A non-smoking compartment, please
Compartimento de no fumadores, por favor
*kom-par-tee-**men**-to day no foo-ma-**do**-res, por fa-**bor***

Second class. A window seat, please
En segunda. Asiento de ventana, por favor
*en se-**goon**-da. a-**syen**-to day ben-**ta**-na, por fa-**bor***

Can I take my bicycle?
¿Puedo llevar mi bicicleta?
***pwe**-do ye-**bar** mee bee-thee-**klay**-ta*

Is this the platform for Zaragoza?
¿Es éste el andén para Zaragoza?
*es **es**-te el an-**den** **pa**-ra tha-ra-**go**-tha*

What are the times of the trains to Paris?
¿Cuál es el horario de trenes para París?
*kwal es el o-**ra**-ree-o day **tre**-nes **pa**-ra pa-**rees***

How long do I have before my next train leaves?
¿Cuánto tiempo tengo antes de mi próximo tren?
***kwan**-to tee-**em**-po **ten**-go **an**-tes day mee **prok**-see-mo tren*

Where can I buy a ticket?
¿Dónde puedo comprar un billete?
***don**-day **pwe**-do kom-**prar** oon bee-**ye**-tay*

Where do I have to change?
¿Dónde tengo que cambiar?
don**-day **ten**-go kay kam-**byar

Where do I pick up my bags?
¿Dónde se recogen los equipajes?
***don**-day say re-**ko**-hen los e-kee-**pa**-hays*

Can I check in my bags?
¿Puedo facturar el equipaje?
***pwe**-do fak-too-**rar** el e-kee-**pa**-hay*

I want to leave these bags in the left-luggage
Quiero dejar estas bolsas en la consigna
*kee-**e**-ro de-**har es**-tas **bol**-sas en la kon-**seeg**-na*

How much is it per bag?
¿Cuánto es por cada bolsa?
***kwan**-to es por **ka**-da **bol**-sa*

I shall pick them up this evening
Las recogeré esta tarde
*las re-ko-hair-**ay es**-ta **tar**-day*

I want to book a seat on the sleeper to Paris
Quiero reservar una plaza en coche-cama a París
*kee-**e**-o re-sair-**bar oo**-na **pla**-tha en ko-chay-**ka**-ma a pa-**rees***

Is there — a left-luggage office?
¿Hay — consigna de equipajes?
*eye — kon-**seeg**-na day e-kee-**pa**-hes*

— a buffet car (club car)?
— coche bar?
*— **ko**-chay bar*

By train

— a dining car?
— vagón restaurante?
— *ba-**gon** re-sto-**ran**-tay*

— a restaurant on the train?
— coche restaurante en el tren?
— ***ko**-chay re-sto-**ran**-tay en el tren*

Where is the departure board (listing)?
¿Dónde está el tablón de salidas?
***don**-day es-**ta** el ta-**blon** day sa-**lee**-das*

What time does the train leave?
¿A qué hora sale el tren?
*a kay **o**-ra **sa**-lay el tren*

Do I have time to go shopping?
¿Tengo tiempo para ir de compras?
***ten**-go tee-**em**-po **pa**-ra eer day **kom**-pras*

What time is the last train?
¿A qué hora es el último tren?
*a kay **o**-ra es el **ool**-tee-mo tren*

When is the next train to Seville?
¿Cuándo sale el siguiente tren para Sevilla?
***kwan**-do **sa**-lay el see-gee-**en**-tay tren **pa**-ra se-**bee**-ya*

When is the next train to Valencia?
¿Cuándo es el siguiente tren para Valencia?
***kwan**-do **sa**-lay el see-gee-**en**-tay tren **pa**-ra ba-**len**-thee-a*

Which platform do I go to?
¿A qué andén tengo que ir?
*a kay an-**den ten**-go kay eer*

Is this a through train?
¿Es éste un tren directo?
*es **es**-tay oon tren dee-**rek**-to*

Is this the Madrid train?
¿Es éste el tren de Madrid?
*es **es**-tay el tren day ma-**dreed***

Do we stop at Vigo?
¿Paramos en Vigo?
*pa-**ra**-mos en **bee**-go*

What time do we get to Burgos?
¿A qué hora llegamos a Burgos?
*a kay **o**-ra ye-**ga**-mos a **boor**-gos*

Are we at Durango yet?
¿Hemos llegado a Durango?
***ay**-mos ye-**ga**-do a doo-**ran**-go*

Are we on time?
¿Llegaremos a la hora prevista?
*ye-ga-**ray**-mos a la **o**-ra pray-**bee**-sta*

Can you help me with my bags?
Puede ayudarme con el equipaje?
***pwe**-day a-yoo-**dar**-may kon el e-kee-**pa**-hay*

By train

Is this seat taken?
¿Está ocupado este asiento?
*es-**ta** o-koo-**pa**-do **es**-tay a-**syen**-to*

May I open the window?
¿Le importa si abro la ventana?
*lay eem-**por**-ta see **a**-bro la ben-**ta**-na*

My wife has my ticket
Mi esposa tiene mi billete
*mee es-**po**-sa tee-**e**-nay mee bee-**ye**-tay*

I have lost my ticket
He perdido el billete
*ay pair-**dee**-do el bee-**ye**-tay*

This is a non-smoking compartment
Éste es un compartimento de no fumadores
*es-tay es oon kom-par-tee-**men**-to day no foo-ma-**do**-res*

This is my seat
Éste es mi asiento
*es-tay es mee a-**syen**-to*

Where is the toilet?
¿Dónde está el servicio?
*don-day es-**ta** el sair-**bee**-thee-o*

Why have we stopped?
¿Por qué hemos parado?
*por kay **ay**-mos pa-**ra**-do*

DRIVING

Driving in Spain offers some rewarding experiences, with excellent touring country in regions as far apart as the Pyrenees and Andalucía. But you should pay particular attention to preparations. It is a big country, temperatures can be high and roads can be rough.

Standards of driving in Spain are not high, and it is important to expect unpredictable behaviour from other drivers. In country areas, expect the roads to be used by slow-moving vehicles without lights and farm animals.

Any long-distance continental trip implies the need for some preparations – adjusting headlights, fitting a GB plate, getting an insurance Green Card, and so on. For Spain there are some special needs.

Holders of a green UK licence must also have an International Drivers Permit (IDP). Pink EU licences are fully recognised.

In the event of a serious accident, you may be arrested and/or your car may be impounded. By taking a Bail Bond – a guarantee of a substantial cash payment if you abscond – you are more likely to avoid confinement. Bail Bonds are available from motoring organisations.

A spare set of light bulbs and a red warning triangle are obligatory. If you wear glasses, you must carry a spare set in the car. Carrying a first aid kit and a fire extinguisher is also recommended. Basic spare parts are worth taking for cars of non-European origin.

Choosing which way you get to Spain is likely to depend on various factors, such as how much time you have, what sort of budget you are on, whether you want to include a tour of France, and how much of a problem will be presented by long periods of driving.

If you are going to Barcelona, for example, you could opt for 24 hours on the ferry from Plymouth to Santander followed by a 720-kilometre (450-mile drive). Taking a short Channel crossing or using Le Shuttle through the Channel Tunnel instead will leave you with 1375 kilometres (860 miles) to drive to your destination but probably at a lower total cost. For a compromise on cost and driving time, the Portsmouth-St Malo route would leave a little over 1120 kilometres (700 miles) to reach Barcelona.

The roads

Some main roads are dual carriageways but most are not. On the major routes, roads are usually in reasonable condition, although they can be narrow in places, and it is not uncommon to find abrupt corners at the end of long straight sections. Hazardous mountain roads have acute hairpin turns and do not necessarily have crash barriers. In some relatively undeveloped areas, even main roads can be slow going, with few opportunities for overtaking. Some busy roads have become notorious for accidents. The N340, which runs the length of the Mediterranean coast from Barcelona to the Costa del Sol, claims many lives each year.

Spain has relatively few motorways (*autopistas*). Motorways currently exist along the northern Costas of the Mediterranean coast, from the border to Alicante. On the Atlantic coast, motorways run from the French border to Bilbao and a little way inland to Burgos, and there is a motorway link from here across to Barcelona on the Mediterranean.

Most motorways are subject to tolls. These can be paid by cash or credit or debit card, which you put through a machine. Tolls, which can be heavy, can be avoided by looking for the *peaje* (toll) sign then finding an alternative road.

Motorway services, both for refuelling and refreshments, are fairly regularly distributed. You can expect to find them about every thirty to fifty kilometres. For assistance on the motorways, emergency phones are generally available every two kilometres.

If you need a map, Michelin publishes a map covering Spain and Portugal and six larger scale regional maps covering Spain. They are accurate, up-to-date and available both in the UK and in Spain.

The rules

- driving on the right – this is relatively easy to adapt to, but extra care is needed when joining a road in circumstances that may encourage you to revert to UK habits – when joining a quiet road, say.

- priority to the right – in the absence of any other indications, priority at intersections is given to traffic coming from the right. Intersections where traffic on a minor road gives way to that on a major one normally have a 'Stop' or give-way sight, 'Ceda el paso'.
- speed limits – the standard limits for cars are:
  built-up areas – 50 kph (31 mph)
  single carriageways – 90 kph (56 mph)
  dual carriageways – 100 kph (62 mph)
  motorways – 120 kph (74 mph)
  If you are overtaking outside a built-up area, you can exceed the speed limit by a maximum of 20 kph (12 mph) to do so.
- the minimum age for driving in Spain is eighteen.
- overtaking outside built-up areas requires the use of the horn as well as indicators. In built-up areas, where horns may be used only in cases of emergency, you should flash your headlights.
- safety belts are obligatory, if fitted. Children should travel in the rear seats.
- as in the UK, spare petrol must be carried only in approved containers.
- use dipped headlights when driving in built-up areas.
- drink-driving is subject to the same blood-alcohol limit as in the UK.

- fines – Spanish police can, and do, levy on-the-spot fines. You can be fined for many offences – speeding, breaking traffic rules, failing to have a correct GB sticker, and so on.

Traffic and weather conditions

Are there any hold-ups?
¿Hay atascos?
*eye a-**tas**-kos*

Is the traffic heavy?
¿Hay mucho tráfico?
*eye **moo**-cho **tra**-fee-ko*

Is the traffic one-way?
¿Es sentido único?
*es sen-**tee**-do **oo**-nee-ko*

Is there a different way to the stadium?
¿Hay otro camino al estadio?
*eye **o**-tro ka-**mee**-no al es-**ta**-dee-o*

Is there a toll on this motorway (highway)?
¿Esta autopista es de peaje?
***es**-ta ow-to-**pee**-sta es day pay-**a**-hay*

What is causing this traffic jam?
¿Qué está causando este embotellamiento?
*kay es-**ta** kow-**san**-do **es**-tay em-bo-te-ya-**myen**-to*

Traffic and weather conditions

What is the speed limit?
¿Cuál es el límite de velocidad?
*kwal es el **lee**-mee-tay day be-lo-thee-**dad***

What time does the car park close?
¿Cuándo se cierra el parking?
***kwan**-do say thee-**e**-ra el **par**-keen*

When is the rush hour?
¿Cuándo es la hora punta?
***kwan**-do es la **o**-ra **poon**-ta*

Do I need snow chains?
¿Necesito cadenas para la nieve?
*ne-the-**see**-to ka-**day**-nas **pa**-ra la nee-**e**-bay*

Is the pass open?
¿Está el paso abierto?
*es-**ta** el **pa**-so a-bee-**air**-to*

Is the road to Segovia snowed up?
¿Está nevada la carretera a Segovia?
*es-**ta** ne-**ba**-da la ka-re-**tair**-a a se-**go**-bee-a*

When will the road be clear?
¿Cuándo estará la carretera despejada?
***kwan**-do es-ta-**ra** la ka-re-**tair**-a des-pe-**ha**-da*

Parking

Parking is usually controlled by local signs. Always park the car facing in the direction of the traffic. Which side of a one-way street you may park depends on the house numbers and which day of the month it is. On even dates you should park on the even-numbered side of the street and conversely for odd dates. In a 'blue zone' (*zona azul*), parking requires a disc or ticket permits – usually obtainable from shops such as tobacconists or from hotels, and travel agencies – and is generally restricted to an hour and a half.

Is it safe to park here?
¿Es seguro aparcar aquí?
*es se-**goo**-ro a-par-**kar** a-**kee***

Can I park here?
¿Puedo aparcar aquí?
pwe**-do a-par-**kar** a-**kee

Do I need a parking disc?
¿Necesito ficha de aparcamiento?
*ne-the-**see**-to **fee**-cha day a-par-ka-**myen**-to*

Where can I get a parking disc?
¿Dónde puedo obtener una ficha de aparcamiento?
***don**-day **pwe**-do ob-te-**nair oo**-na **fee**-cha day a-par-ka-**myen**-to*

At the service station

Where do I pay?
¿Dónde tengo que pagar?
don**-day **ten**-go kay pa-**gar

Where is there a car park (parking lot)?
¿Dónde hay un aparcamiento?
***don**-day **a**-ee oon a-par-ka-**myen**-to*

How long can I stay here?
¿Cuánto tiempo puedo permanecer aquí?
kwan**-to tee-**em**-po **pwe**-do pair-ma-ne-**thair** a-**kee

Do I need — coins for the meter?
¿Necesito — monedas para el parquímetro?
*ne-the-**see**-to — mo-**nay**-das **pa**-ra el par-**kee**-me-tro*

— parking lights?
— luces de posición?
— ***loo**-thes day po-zee-**thyon***

At the service station

If you plan on touring remote areas, it is worth topping up the tank whenever it gets down to a quarter full. Beware of fuel stations closing on public and religious holidays (*see* page 228). You may need to be quite resourceful to find fuel in that event. Sometimes marina fuel pumps can help out.

Spain employs petrol octane standards that closely match those used in the UK. 'Gasolina' or 'normal', which has an octane rating of 92, is equivalent to our 2-star. 'Súper', with an octane rating of 97, is the same as our 4-star. Unleaded petrol – 'gasolina sin plomo' – is widely available. Diesel fuel is called 'gasóleo'.

Do you take credit cards?
¿Acepta tarjetas de crédito?
*a-**thep**-ta tar-**hay**-tas day **kre**-dee-to*

Can you clean the windscreen?
¿Puede limpiar el parabrisas?
***pwe**-day leem-**pyar** el pa-ra-**bree**-sas*

Fill the tank please
Llene el depósito, por favor
ye**-nay el de-**po**-zee-to, por fa-**bor

25 litres of — unleaded petrol
Veinticinco litros de — gasolina sin plomo
*bain-tee-**theen**-ko **lee**-tros day — ga-so-**lee**-na seen **plo**-mo*

— 2 star
— normal
— *nor-**mal***

— 4 star
— súper
— ***soo**-pair*

— diesel
— gas-oil
— *ga-**zoil***

Breakdowns and repairs

I need some distilled water
Necesito agua destilada
*ne-the-**see**-to **a**-gwa de-stee-**la**-da*

Check the tyre pressure, please
Revise la presión de los neumáticos, por favor
*re-**bee**-say la pre-**syon** day los nay-oo-**ma**-tee-kos, por fa-**bor***

The pressure should be 2.3 at the front and 2.5 at the rear
La presión debería estar en dos coma tres en los delanteros y dos coma cinco en los traseros
*la pre-**syon** de-be-**ree**-a es-**tar** en dos **ko**-ma tres en los de-lan-**tair**-os ee dos **ko**-ma **theen**-ko en los tra-**sair**-os*

Check — the oil
Revise — el aceite
*re-**bee**-say — el a-**thay**-ee-tay*

— the water
— el agua
*— el **a**-gwa*

Breakdowns and repairs

If you take out some form of breakdown insurance, the documents you are given will explain how to get help if your car goes wrong. Otherwise you will probably need to find the nearest garage, although RACE (Real Automóvil Club de España, the Spanish Royal Automobile Club) has a breakdown centre that members of foreign motoring organisations can use. On a motorway you should find an emergency phone about every two kilometres.

Can you give me — a push?
¿Puede — empujarme?
***pwe**-day — em-poo-**har**-may*

— a tow?
— remolcarme?
*— re-mol-**kar**-may*

Can you send a recovery truck?
¿Puede enviar un camión grúa?
***pwe**-day en-**byar** oon ka-**myon** **groo**-a*

Can you take me to the nearest garage?
¿Puede llevarme al garage más cercano?
***pwe**-day ye-**bar** may al ga-**ra**-hay mas thair-**ka**-no*

Is there a telephone nearby?
¿Hay algún teléfono cercano?
***a**-ee al-**goon** te-**le**-fo-no thair-**ka**-no*

Can you find out what the trouble is?
¿Puede encontrar el problema?
***pwe**-day en-kon-**trar** el pro-**blay**-ma*

Can you give me a can of petrol, please?
¿Me da un bidón de gasolina, por favor?
*may da oon bee-**don** day ga-so-**lee**-na, por fa-**bor***

Breakdowns and repairs

Can you repair a flat tyre?
¿Puede reparar una rueda desinflada?
*pwe-day re-pa-**rar** **oo**-na roo-**ay**-da des-een-**fla**-da*

Can you repair it for the time being?
¿Puede repararlo provisionalmente?
*pwe-day re-pa-**rar**-lo pro-bees-yo-nal-**men**-tay*

Can you replace the windscreen wiper blades?
¿Puede cambiar las paletas del limpiaparabrisas?
*pwe-day kam-**byar** las pa-**lay**-tas del leem-pya-pa-ra-**bree**-sas*

My car has broken down
Mi coche se ha averiado
*mee **ko**-chay say a a-be-ree-**a**-do*

My car will not start
Mi coche no arranca
*mee **ko**-chay no a-**ran**-ka*

Do you have an emergency fan belt?
Tiene una correa de ventilador de emergencia?
*tee-**e**-nay **oo**-na ko-**ray**-a day ben-tee-la-**dor** day e-mair-**hen**-thee-a*

Do you have jump leads?
¿Tiene cables puente de batería?
*tee-**e**-nay **ka**-bles **pwen**-tay day ba-te-**ree**-a*

Do you have the spare parts?
¿Tiene los repuestos?
*tee-**e**-nay los re-**pwe**-stos*

Breakdowns and repairs

I have a flat tyre
Tengo un pinchazo
*ten-go oon peen-**cha**-tho*

I have blown a fuse
Se me ha quemado un fusible
*say may a ke-**ma**-do oon foo-**see**-blay*

I have locked myself out of the car
He cerrado el coche con las llaves dentro
*ay the-**ra**-do el **ko**-chay kon las **ya**-bes **den**-tro*

I have locked the ignition key inside the car
He dejado la llave de contacto dentro del coche
*ay de-**ha**-do la **ya**-bay day kon-**tak**-to **den**-tro del **ko**-chay*

I have run out of petrol
Me he quedado sin gasolina
*may ay ke-**da**-do seen ga-so-**lee**-na*

I need a new fan belt
Necesito una nueva correa de ventilador
*ne-the-**see**-to **oo**-na **nway**-ba ko-**ray**-a day ben-tee-la-**dor***

I think there is a bad connection
Creo que hay una mala conexión
kray**-o kay eye **oo**-na **ma**-la ko-nek-**syon

Is there a mechanic here?
¿Hay algún mecánico aquí?
*eye al-**goon** me-**ka**-nee-ko **a**-kee*

Breakdowns and repairs

The engine has broken down
Se ha averiado el motor
*say a a-be-ree-**a**-do el mo-**tor***

There is something wrong
Hay algún problema
eye al-goon pro-blay-ma

There is something wrong with the car
Algo va mal en el coche
***al**-go ba mal en el **ko**-chay*

Will it take long to repair it?
¿Tardará mucho en repararlo?
*tar-da-**ra moo**-cho en re-pa-**rar**-lo*

Is it serious?
¿Es grave?
*es **gra**-bay*

My windscreen has cracked
Se me ha rajado el parabrisas
*say may a ra-**ha**-do el pa-ra-**bree**-sas*

The air-conditioning does not work
No funciona el aire acondicionado
*no foon-**thyo**-na el **a**-ee-ray a-kon-dee-thyo-**na**-do*

The battery is flat
La batería está descargada
*la ba-te-**ree**-a es-**ta** des-kar-**ga**-da*

The engine is overheating
El motor se recalienta
*el mo-**tor** say re-ka-**lyen**-ta*

The exhaust pipe has fallen off
Se ha caído el tubo de escape
*say a ka-**ee**-do el **too**-bo day es-**ka**-pay*

There is a leak in the radiator
Hay una fuga en el radiador
*eye **oo**-na **foo**-ga en el ra-dee-a-**dor***

Accidents and the police

Spain has three police forces. The Guardia Civil, who wear green uniforms, deal with law enforcement on the roads and in rural areas. The Policía Local, who wear blue and white uniforms, patrol within towns and can be approached about any difficulties. The Policía Nacional, who wear blue uniforms, guard public buildings and in all substantial towns man the *comisaría* (police station), where crimes may be reported. In addition, the autonomous communities of the Basque country, Catalonia, Galicia and Valencia have their own police forces. Telephone 091 for the Policía Nacional, 092 for the Policía Local.

There has been an accident
Ha habido un accidente
*a a-**bee**-do oon ak-thee-**den**-tay*

Accidents and the police

We must call an ambulance
Tenemos que llamar a una ambulancia
*te-**nay**-mos kay ya-**mar** a **oo**-na am-boo-**lan**-thee-a*

We must call the police
Tenemos que llamar a la policía
*te-**nay**-mos kay ya-**mar** a la po-lee-**thee**-a*

What is your name and address?
¿Cuál es su nombre y direción?
*kwal es soo **nom**-bray ee dee-rek-**thyon***

You must not move
No debe moverse
*no **de**-bay mo-**bair**-say*

Do you want my passport?
¿Quiere mi pasaporte?
*kee-**e**-ray mee pa-sa-**por**-tay*

He did not stop
Él no paró
*el no pa-**ro***

He is a witness
Éste es testigo
***es**-tay es te-**stee**-go*

He overtook on a bend
Él adelantó en una curva
*el a-de-lan-**to** en la **coor**-ba*

Accidents and the police

He ran into the back of my car
Él chocó con la parte trasera de mi coche
*el cho-**ko** kon la **par**-tay tra-**sair**-a day mee **ko**-chay*

He stopped suddenly
Él se paró de repente
*el say pa-**ro** day re-**pen**-tay*

He was moving too fast
Él iba demasiado rápido
*el **ee**-ba de-ma-**sya**-a-do **ra**-pee-do*

Here are my insurance documents
Aquí está la documentación del seguro
*a-**kee** es-**ta** la do-koo-men-ta-**thyon** del se-**goo** ro*

Here is my driving licence
Aquí está mi permiso de conducir
*a-**kee** es **ta** mee pair-**mee**-so day kon-doo-**theer***

I could not stop in time
No he podido parar a tiempo
*no ay po-**dee**-do pa-**rar** a tee-**em**-po*

I did not see the bicycle
No vi la bicicleta
*no bee la bee-thee-**klay**-ta*

I did not see the sign
No vi la señal
*no bee la sen-**yal***

I did not understand the sign
No entendí la señal
*no en-ten-**dee** la sen-**yal***

I am very sorry. I am a visitor
Lo siento mucho. Soy turista
*lo **syen**-to **moo**-cho. Soy too-**ree**-sta*

I did not know about the speed limit
No sabía lo del límite de velocidad
*no sa-**bee**-a lo del **lee**-mee-tay day be-lo-thee-**dad***

How much is the fine?
¿Cuánto es la multa?
***kwan**-to es la **mool**-ta*

I have not got enough money. Can I pay at the police station?
No tengo suficiente dinero ¿Puedo pagar en la comisaría de policía?
*no **ten**-go soo-fee-thee-**en**-tay dee-**ne**-ro. **Pwe**-do pa-gar en la ko-mee-sa-**ree**-a day po-lee-**thee**-a*

I have not had anything to drink
No he bebido nada
*no ay be-**bee**-do **na**-da*

I was only driving at 50 km/h
Sólo iba a cincuenta por hora
***so**-lo **ee**-ba a theen-**kwen**-ta por **o**-ra*

Accidents and the police

I was overtaking
Estaba adelantando
*es-**ta**-ba a-de-lan-**tan**-do*

I was parking
Estaba aparcando
*es-**ta**-ba a-par-**kan**-do*

My car has been towed away
La grúa se ha llevado mi coche
*la **groo**-a say a ye-**ba**-do mee **ko**-chay*

That car was too close
Ese coche venía demasiado cerca
*e-say **ko**-chay be-**nee**-a de-ma-**sya**-do **thair**-ka*

The brakes failed
Los frenos fallaron
*los **fray**-nos fa-**ya**-ron*

The car number (license number) was…
La matrícula del coche era…
*la ma-**tree**-koo-la del **ko**-chay **ay**-ra...*

The car skidded
El coche derrapó
*el **ko**-chay de-ra-**po***

The car swerved
El coche giró bruscamente
*el **ko**-chay hee-**ro** broo-ska-**men**-tay*

Car parts

The car turned right without signalling
El coche giró a la derecha sin señalizar
*el **ko**-chay hee-**ro** a la de-**ray**-cha seen sen-ya-lee-**thar***

The road was icy
La carretera estaba congelada
*la ka-re-**tair**-a es-**ta**-ba kon-he-**la**-da*

The tyre burst
El neumático reventó
*el nay-oo-**ma**-tee-ko re-ben-**to***

Car parts

accelerator
acelerador
*a-the-le-ra-**dor***

aerial
antena
*an-**tay**-na*

air filter
filtro de aire
***feel**-tro day **eye**-ray*

alternator
alternador
*al-tair-na-**dor***

antifreeze
anticongelante
*an-tee-kon-he-**lan**-tay*

axle
eje
***e**-hay*

battery
batería
*ba-te-**ree**-a*

bonnet
capó
*ka-**po***

boot
maletero
*ma-le-**te**-ro*

brake fluid
líquido de frenos
***lee**-kee-do day **fray**-nos*

brakes
frenos
***fray**-nos*

bulb
foco
***fo**-ko*

bumper
parachoques
*pa-ra-**cho**-kes*

car phone
teléfono de automóvil
*te-**le**-fo-no day ow-to-**mo**-beel*

carburettor
carburador
*kar-boo-ra-**dor***

child seat
silla de niño
***see**-ya day **neen**-yo*

choke
estárter
*e-**star**-tair*

clutch
embrague
*em-**bra**-gay*

cylinder
cilindro
*thee-**leen**-dro*

disc brake
freno de disco
***fray**-no day **dee**-sko*

distributor
distribuidor
*dees-tree-boo-ee-**dor***

door
portezuela
*por-tay-**thway**-la*

dynamo
dinamo
*dee-**na**-mo*

electrical system
sistema eléctrico
*see-**stay**-ma e-**lek**-tree-ko*

Car parts

engine
motor
*mo-**tor***

exhaust system
sistema de escape
*see-**stay**-ma day e-**ska**-pay*

fan belt
correa del ventilador
*ko-**ray**-a del ben-tee-la-**dor***

foot pump
bomba de pie
bom**-ba day pee-**ay

fuse
fusible
*foo-**see**-blay*

fuel pump
bomba de carburante
***bom**-ba day kar-boo-**ran**-tay*

fuel gauge
indicador de carburante
*een-dee-ka-**dor** day kar-boo-**ran**-tay*

gear box
caja de cambios
***ka**-ha day **kam**-bee-os*

gear lever
palanca de cambios
*pa-**lan**-ka day **kam**-bee-os*

generator
generador
*he-ne-ra-**dor***

hammer
martillo
*mar-**tee**-yo*

hand brake
freno de mano
***fray**-no day **ma**-no*

hazard lights
luces de emergencia
***loo**-thes day e-mair-**hen**-thee-a*

headlights
faros
***fa**-ros*

hood
capó
*ka-**po***

horn
bocina
*bo-**thee**-na*

hose
manga
man-ga

ignition
contacto
*kon-**tak**-to*

ignition key
llave de contacto
*ya-bay day kon-**tak**-to*

indicator
intermitente
*een-tair-mee-**ten**-tay*

jack
gato
ga-to

lights
luces
loo-thes

lock
cerradura
*the-ra-**doo**-ra*

oil
aceite
*a-**thay**-ee-tay*

oil filter
filtro de aceite
*feel-tro day a-**thay**-ee-tay*

oil pressure
presión de aceite
*pre-**syon** day a-**thay**-ee-tay*

petrol
gasolina
*ga-so-**lee**-na*

points
platinos
*pla-**tee**-nos*

pump
bomba
bom ba

radiator
radiador
*ra-dee-a-**dor***

rear-view mirror
espejo retrovisor
*es-**pe**-ho re-tro-bee-**sor***

reflectors
reflectantes
*re-flek-**tan**-tes*

Car parts

reversing light
luz de marcha atrás
*looth day **mar**-cha a-**tras***

roof rack
baca
***ba**-ka*

screwdriver
destornillador
*des-tor-nee-ya-**dor***

seat
asiento
*a-**syen**-to*

seat belt
cinturón de seguridad
*then-too-**ron** day se-goo-ree-**dad***

shock absorber
amortiguador
*a-mor-tee-gwa-**dor***

silencer
silenciador
*see-len-thee-a-**dor***

socket set
juego de llaves de tubo
***hway**-go day **ya**-bes day **too**-bo*

spanner
llave inglesa
***ya**-bay een-**glay**-sa*

spare part
repuesto
*re-**pwe**-sto*

spark plug
bujía
*boo-**hee**-a*

speedometer
velocímetro
*be-lo-**thee**-me-tro*

starter motor
motor de arranque
*mo-**tor** day a-**ran**-kay*

steering
dirección
*dee-rek-**thyon***

steering wheel
volante
*bo-**lan**-tay*

stoplight
luz de freno
*looth day **fray**-no*

sun roof
techo solar
*te-cho so-**lar***

suspension
suspensión
*soo-spen-**syon***

tools
herramientas
*e-ra-**myen**-tas*

towbar
barra de remolque
*ba-ra day re-**mol**-kay*

transmission
transmisión
*trans-mee **syon***

trunk
maletero
*ma-le-**te**-ro*

tyre
neumático
*nay-oo-**ma**-tee-ko*

warning light
luz de advertencia
*looth day ad-bair-**ten**-thee-a*

wheel
rueda
*roo-**ay**-da*

windscreen
parabrisas
*pa-ra-**bree**-sas*

windscreen wipers
limpiaparabrisas
*leem-pya-pa-ra-**bree**-sas*

wrench
llave inglesa
*ya-bay een-**glay**-sa*

Road signs

Alto
al-to
Stop

Road signs

Aparcamiento sólo para residentes
*a-par-ka-**myen**-to **so**-lo **pa**-ra re-see-**den**-tes*
Parking for residents only

Camino particular
*ka-**mee**-no par-tee-koo-**lar***
Private road

Ceda el paso
***thay**-da el **pa**-so*
Give way

Centro ciudad
then**-tro thee-oo-**dad
Town centre

Circule por la derecha
*theer-**koo**-lay por la de-**ray**-cha*
Keep to the right

Deslizamientos
*des-lee-tha-**myen**-tos*
Icy roads

Despacio
*des-**pa**-thee-o*
Drive slowly

Desviación
*des-bee-a-**thyon***
Diversion

Desvío
*des-**bee**-o*
Diversion

Dirección única
*dee-rek-**thyon** **oo**-nee-ka*
One way

Estacionamiento de automóviles
*es-ta-thyo-na-**myen**-to day ow-to-**mo**-bee-lays*
Car park

Estacionamiento prohibido
*es-ta-thyo-na-**myen**-to pro-ee-**bee**-do*
No parking permitted

Obras
***o**-bras*
Roadworks

Paso prohibido
***pa**-so pro-ee-**bee**-do*
No through road

Peaje
*pay-**a**-hay*
Toll

Peligro
*pay-**lee**-gro*
Danger

Road signs

Prohibido el paso
*pro-ee-**bee**-do el **pa**-so*
No thoroughfare

No entrar
*no en-**trar***
No entry

EATING OUT

Dining in Spain is as much a reason for a social gathering as it is a matter of satisfying bodily needs or gastronomic indulgence. It is not something to be hurried. Despite the bustle of waiters scurrying around, you will rarely feel rushed in a restaurant – indeed, it is often an effort to extract the bill. Note, however, that in the big coastal resorts hotel meals are normally served buffet-style with international menus often presented in pictures.

There is a variety of options for eating out, but the uniquely Spanish one is the *tapas* bar. *Tapas* are small, savoury dishes of practically anything tasty – fish, squid, meats, olives, cheeses, vegetables, and so on. Select one or two small portions (*porciones*) for a snack or a selection of bigger portions (*raciones*) to make up a meal. The bars specialising in *tapas* are usually modest places, although some in the cities are beautifully tiled. You may eat your chosen delicacies at the bar over a beer or at a table (perhaps outside in a tourist area). *Tapas* are also served wherever snacks are likely to be in demand – in hotels, *bodegas* (wine cellars) *tabernas* (bars) or *tascas* (inns).

Away from the main resorts, main meal times are later than in most other countries. Lunch is the main meal of the day, mostly taken from about 2.00pm and often preceded by tapas. Restaurants open for lunch usually from 12.30 or

1.00pm until 3.30 or 4.00pm. They re-open from about 7.30pm but do not do much business before 9.00pm. In cities, they will still be receiving diners at midnight.

In restaurants you will normally be encouraged to order *à la carte*, although there should also be a fixed menu of the day available. Menus are often broken down into kinds of dish – meat, fish, eggs, for example – rather than into courses.

Reservations

Should we reserve a table?
¿Deberíamos reservar mesa?
*de-be-**ree**-a-mos re-sair-**bar** **may**-sa*

Can I book a table for four at 8 o'clock?
¿Podría reservar una mesa para cuatro para las ocho?
*po-**dree**-a re-sair-**bar** **oo**-na **may**-sa **pa**-ra **kwa**-tro **pa**-ra las **o**-cho*

Can we have a table for four?
Una mesa para cuatro, por favor
*oo-na **may**-sa **pa**-ra **kwa**-tro, por fa-**bor***

I am a vegetarian
Soy vegetariano / vegeteriana
*soy be-he-ta-ree-**a**-no / be-he-ta-ree-**a**-na)*

We would like a table — by the window
Nos gustaría una mesa — junto a la ventana
*nos goo-sta-**ree**-a oo-na **may**-sa — **hoon**-to a la ben-**ta**-na*

— on the terrace
— en la terraza
*— en la te-**ra**-tha*

Useful questions

Are vegetables included?
¿Se incluye verdura?
*say een-**kloo**-yay bair-**doo**-ra*

Do you have a local speciality?
¿Tienen alguna especialidad local?
*tee-**e**-nen al-**goo**-na es-peth-ya-lee-**dad** lo-**kal***

Do you have a set menu?
¿Tiene un menú del día?
*tee-**e**-nay oon me-**noo** del **dee**-a*

What do you recommend?
¿Qué me recomienda?
*kay may re-ko-**myen**-da*

What is the dish of the day?
¿Cuál es el plato del día?
*kwal es el **pla**-to del **dee**-a*

Useful questions

What is the soup of the day?
¿Cuál es la sopa del día?
*kwal es la **so**-pa del **dee**-a*

What is this called?
¿Cómo se llama esto?
***ko**-mo say **ya**-ma **es**-to*

What is this dish like?
¿Cómo es este plato?
***ko**-mo es **es**-tay **pla**-to*

Which local wine do you recommend?
¿Qué vino local recomienda?
*kay **bee**-no lo-**kal** re-ko-**myen**-da*

Do you have fruit?
¿Tiene fruta?
*tee-**e**-nay **froo**-ta*

How do I eat this?
¿Cómo se come esto?
***ko**-mo say **ko**-may **es**-to*

Is the local wine good?
¿Es bueno el vino local?
*es **bway**-no el **bee**-no lo-**kal***

Is this cheese very strong?
¿Es muy fuerte este queso?
*es mwee **fwair**-tay **es**-tay **ke**-so*

Is this good?
¿Está bueno esto?
*es-**ta** **bway**-no **es**-to*

What is this?
¿Qué es esto?
*kay es **es**-to*

Ordering your meal

The menu, please
El menú, por favor
*el me-**noo**, por fa-**bor***

I will take the set menu
Tomaré el menú del día
*to-ma-**ray** el me-**noo** del **dee**-a*

Can we start with soup?
¿Podemos empezar con sopa?
*po-**day**-mos em-pe-**thar** kon **so**-pa*

I like my steak — very rare
Me gusta — muy poco hecho
*may **goo**-sta — mwee **po**-ko **e**-cho*

— rare
— poco hecho
*— **po**-ko **e**-cho*

Ordering your meal

— medium rare
— medianamente hecho
— *me-dee-a-na-**men**-tay **e**-cho*

— well done
— bien hecho
— *bee-**en** **e**-cho*

Could we have some butter?
¿Puede traernos mantequilla, por favor?
pwe**-day try-**air**-nos man-te-**kee**-ya, por fa-**bor

We need some bread, please
Nos hace falta pan, por favor
*nos **a**-thay **fal**-ta pan, por fa-**bor***

I will have salad
Yo tomaré ensalada
*yo to-ma-**ray** en-sa-**la**-da*

I will take that
Tomaré eso
*to-ma-**ray** **e**-so*

That is for me
Eso es para mí
***e**-so es **pa**-ra mee*

Could we have some more bread please?
¿Puede traernos más pan por favor?
pwe**-day try-**air**-nos mas pan, por fa-**bor

Can I see the menu again, please?
¿Puedo volver a ver el menú, por favor?
*pwe-do bol-**bair** a bair el me-**noo**, por fa-**bor***

Ordering drinks

The wine list, please
La lista de vinos, por favor
*la **lee**-sta day **bee**-nos, por fa-**bor***

We will take the Rioja
Tomaremos el Rioja
*to-ma-**ray**-mos el ree-**o**-ha*

A bottle of house red wine, please
Una botella de vino tinto de la casa
*oo-na bo-**te**-ya day **bee**-no **teen**-to day la **ka**-sa*

A glass of dry white wine, please
Un vaso de vino blanco seco, por favor
*oon **ba**-so day **bee**-no **blan**-ko **se**-ko, por fa-**bor***

Another bottle of red wine, please
Otra botella de vino tinto, por favor
*o-tra bo-**te**-ya day **bee**-no **teen**-to, por fa-**bor***

Another glass, please
Otro vaso, por favor
*o-tro **ba**-so, por fa-**bor***

Paying the bill

Black coffee, please
Café solo, por favor
*ka-**fay** **so**-lo, por fa-**bor***

Can we have some (still / sparkling) mineral water?
¿Nos puede traer agua mineral (sin gas / con gas)?
*nos **pwe**-day try-**air** **a**-gwa mee-ne-**ral** (seen gas / con gas)*

Coffee with milk, please
Café con leche, por favor
*ka-**fay** kon **le**-chay, por fa-**bor***

Some plain water, please
Agua natural, por favor
a**-gwa na-too-**ral**, por fa-**bor

Two beers, please
Dos cervezas, por favor
*dos thair-**bay**-thas, por fa-**bor***

Paying the bill

Can we have the bill, please?
¿Puede traernos la cuenta, por favor?
***pwe**-day try-**air**-nos la **kwen**-ta, por fa-bor*

Is service included?
¿Está el servicio incluido?
*es-**ta** el sair-**bee**-thee-o een-kloo-**ee**-do*

Is tax included?
¿Están los impuestos incluidos?
*es-**tan** los eem-**pwe**-stos een-kloo-**ee**-dos*

Is there any extra charge?
¿Hay algún cargo adicional?
*a-ee al-**goon kar**-go a-deeth-yo-**nal***

I haven't enough money
No tengo suficiente dinero
*no **ten**-go soo-feeth-**yen**-tay dee-**ne**-ro*

This is not correct
Esto no es correcto
*es-to no es ko-**rek**-to*

This is not my bill
Ésta no es mi cuenta
*es-ta no es mee **kwen**-ta*

You have given me the wrong change
Me ha dado mal los cambios
*may a **da**-do mal los **kam**-bee-os*

Complaints and compliments

This is cold
Esto está frio
*es-to es-**ta free**-o*

Food

This is not what I ordered
Esto no es lo que he pedido
*es-to no es lo kay ay pe-**dee**-do*

Waiter! We have been waiting for a long time
¡Camarero! Estamos esperando desde hace mucho tiempo
*ka-ma-**rair**-o! Es-**ta**-mos es-pe-**ran**-do **dez**-day **a**-thay **moo**-cho tee-**em**-po*

Can I have the recipe?
¿Puede darme la receta?
*pwe-day **dar**-may la re-**thay**-ta*

The meal was excellent
La comida estaba excelente
*la ko-**mee**-da es-**ta**-ba eks-the-**len**-tay*

This is excellent
Esto está buenísimo
*es-to es-**ta** bwe-**nee**-see-mo*

Food

Spanish food has an earthy richness, with pronounced flavours enhanced by different herbs and spices. There are some common factors across the country – the wide use of olive oil and garlic, for example – but also marked regional variations in the types of dishes and styles of cooking. There are relatively few national dishes, and only a handful have become internationally known – *tortilla* (omelette), *paella*, *gazpacho* and little else, but there is a good deal more to discover.

Stews (*cocidos*) and hotpots are the mainstay of much of the everyday Spanish diet, combining pulses such as rice or chickpeas with vegetables, meats, poultry and seafood, all enriched with peppers, herbs and spices. They make filling meals, particularly given the generous proportions of most Spanish servings – a feature of their hospitality.

But restaurant meals are much more sophisticated than this, at least in areas where there is the necessary affluent clientele. If food is your real passion, pack your brolly and head north to the Basque country, where gastronomy is alive and well.

The Spanish have a pronounced sweet tooth and have concocted many kinds of delicious sweet breads, pastries and sweetmeats, which they consume at every opportunity through the day, starting at breakfast with *churros* – sausage-shaped fritters – and *suizos* – sugar-topped sweet rolls.

Regional specialities

The Atlantic coast – the north coast, from Galicia across to the Basque country, has a mild, wet climate that ensures rich pastures for grazing and lots of fresh vegetables. The seafood too is about Spain's finest, and the cuisine reflects the quality of the produce used.

Regional specialities

Galicia has the greatest reputation for seafood, its ports supplying much of the rest of Spain. Octopus is a speciality, and the large prawns are irresistible. Galicians use either seafood or meats cooked with onions to fill their pies, called *empanadas*. Other dishes to look out for are *lacón con grelos*, a combination of salted ham, turnips and spicy *chorizo* sausages, and *caldo gallego*, which includes beans and cabbages in a meaty stew.

Asturias is famous for its *fabada* – so much so that it exports the rich meaty stew based on *fabes* (white beans). Fish is again a speciality, with excellent salmon and a fish stew known as *caldereta*. Try also the *merluza a la sidra*, hake cooked in cider.

The food of the **Basque country** is superb. Seafood and sauces are the Basques' forte, subtly combined in dishes such as cod cooked with peppers and onions – *bacalao a la vizcaína* – or cod in garlic and oil – *bacalao al pil-pil*. Also worth trying is sea bream – *besugo*. Some of the local specialities include baby eels – *anguilas* – which are fried in oil spiced with hot peppers and garlic. *Marmitako* (tuna stew) is also popular, as is the hake dish *kokotxas*.

South of the Pyrenees – meat replaces fish and seafood as the central element in the popular dishes of the regions south of the Pyrenees. The wine regions of Rioja and Navarra both have individual styles of cooking. Some of Rioja's most memorable dishes are those that involve cooking a variety of meats in red peppers and asparagus. Game is an important part of Navarra's cooking, drawing influences from both the Basques to the north and the Aragonese to the south. A popular home-grown dish of the region is trout cooked with ham – *trucha a la Navarra*.

Aragon – meats are the staple diet of the Aragonese, usually served with a rich red-pepper sauce called *chilindrón*. Another tasty dish is *magras con tomate*, using fried ham and a tomato-based sauce.

Catalonia's distinctive dishes have benefited from its position on the French border, laying it open to both French and Italian influences. Sauces are part of the attraction. Look out for *ali-oli*, made from olive oil and garlic beaten into a paste, and *picada*, made from almonds, pine nuts, garlic and parsley. Seafood is important. This is one of the best areas to try *zarzuela de mariscos* – mixed seafood stew – and Tarragona is noted for *romesco*, a distinctive sweetish sauce served with fish.

A simple, satisfying dish is *pan con tomate* – bread smeared with tomato and olive oil. As elsewhere in Spain, spicy sausages play an important part in the diet. Try *butifarra*, especially when served with *mangetes* (white beans). On the coast, you should try the mixture of chicken and lobster, and in Barcelona seek out the filling local *cocido* called *escudella* – it includes meat balls, a range of meats, pulses, vegetables and spices. Farther south, rice dishes are popular – *arroz a banda* is just rice cooked in a fish broth, which can be superb.

Regional specialities

Catalonians are keen on cakes. Among the sweet delicacies are *torteles* (*tortells* in Catalan) – filled rings of sweet bread – and *buñuelos* – fried puffs.

The southern Costas – paella originates from Valencia, and you should find some excellent examples in its home territory. As in the rest of Spain, *cocidos* are a major part of the everyday diet. Some to look out for are *cocido de pelotas* – meat in cabbage, chickpeas and potatoes – and *arroz con costra*, which includes chicken, rabbit, black pudding and more chickpeas.

Murcia is also strong on rice dishes. Try the fish one, *arroz al caldero*. Look out also for *menestra*, a vegetable stew. And for fish, try *mújol* (mullet), especially the roe.

Jijona is famous for its *túrron* – hard or soft nougat.

Andalucia is less distinguished in its cooking than some other regions, but it nevertheless gave birth to Spain's most famous soup, *gazpacho*. Fried fish – *pescaíto frito* – is a popular part of the diet, and from the land of flamenco comes *huevos a la flamenca* – eggs, ham, tomato, asparagus, *chorizo* and peppers.

Sweet specialities include *polvorones* – shortbread cookies – and *mostachones* – almond buns.

The meseta – in the central plateau regions, roast meats such as suckling pigs are popular. So are *cocidos* with lots of pulses, particularly chickpeas. Despite being landlocked, the central region still manages to produce some notable seafood dishes, drawing on the bountiful seas off Galicia. *Bacalao al* *ajo arriero* is one – cod cooked in garlic. Soups too are popular. Try some of the *sopas castellanas*, usually a type of meat broth.

If you like pork, ham or sausages, head for **Extremadura**. *Chorizos* take on myriad forms here, and the *Montánchez* ham is famous all over Spain. *Cocidos* are slightly less popular than in other regions. *Migas* is a tasty fried mixture of soaked bread, bacon and peppers.

A favourite sweet delicacy from **Ávila** is *yemas de Sta Teresa* – sugared egg yolks.

The Canary Islands – two of the most popular local dishes on the Canaries are again stews – *gofio* and *puchero canario*. Many dishes will be accompanied by the dressing known as *el mojo*, made of oil, vinegar, spices and garlic. The Canaries are one of the best places to sample *mazapanes* – marzipan cakes.

On the **Balearic Islands**, apart from an abundance of seafood, there are several meat dishes to try. *Sobrasada*, a peppery pork sausage, is one of the most common. On Majorca, try the enormous puff pastries, *ensaimadas*, and the sweet flans, *cocas*.

Menu reader

aceite
*a-**thay**-tay*
oil

aceitunas
*a-thay-**too**-nas*
olives

Menu reader

acelga
*a-**thel**-ga*
chard

aguacate
*a-gwa-**ka**-tay*
avocado

ajo
***a**-ho*
garlic

albahaca
*al-ba-**a**-ka*
basil

albaricoques
*al-ba-ree-**ko**-kes*
apricots

albondigas
*al-bon-**dee**-gas*
meatballs

alcachofa
*al-ka-**cho**-fa*
artichoke

almejas
*al-**may**-has*
clams

apio
***a**-pee-o*
celery

arroz con leche
*a-**roth** kon **le**-chay*
rice pudding

asado / asada la parrilla
*a-**sa**-do / a-**sa**-da la pa-**ree**-ya*
grilled

atún
*a-**toon***
tuna

berenjena
*be-ren-**hay**-na*
aubergine

berro
***be**-ro*
watercress

berza
***ber**-tha*
cabbage

bizcocho
*beeth-**ko**-cho*
sponge cake

bocadillo
*bo-ka-**dee**-yo*
sandwich (with French-style bread)

bogavante a la marinera
*bo-ga-**ban**-tay a la ma-ree-**nair**-a*
lobster cooked in Galician style

bollos de pan
***bo**-yos day pan*
bread rolls

budín
*boo-**deen***
pudding

buñuelos
*boon-yoo-**ay**-los*
doughnuts

caballa
*ka-**ba**-ya*
mackerel

caballa en escabeche
*ka-**ba**-ya en es-ka-**be**-chay*
marinated mackerel

cabezas de cordero al horno
*ka-**bay**-thas day kor-**dair**-o al **or**-no*
roast head of lamb (Aragon)

calabacín
*ka-la-ba-**theen***
courgette

calabaza
*ka-la-**ba**-tha*
squash

calamares
*ka-la-**ma**-res*
squid

caldo
***kal**-do*
broth

caldo de pollo
***kal**-do day **po**-yo*
chicken broth

caldo de vaca
***kal**-do day **ba**-ka*
beef broth

callos
***ka**-yos*
tripe

Menu reader

cangrejo de río
*kan-**gre**-ho day **ree**-o*
crayfish

carne
***kar**-nay*
meat

carne asada
***kar**-nay a-**sa**-da*
grilled meat

carne de vaca en asador
kar**-nay day **ba**-ka en a-sa-**dor
braised beef

castañas asadas
*kas-**tan**-yas a-**sa**-das*
roast chestnuts

cebollas
*the-**bo**-yas*
onions

cebollinos
*the-bo-**yee**-nos*
chives

cerdo asado
***thair**-do a-**sa**-do*
pork roast

cerezas
*the-**ray**-thas*
cherries

chalotes
*cha-**lo**-tes*
shallots

champiñones
*cham-peen-**yo**-nes*
mushrooms

champiñones al ajillo
*cham-peen-**yo**-nes al a-**hee**-yo*
mushrooms with garlic

champiñones en salsa
*cham-peen-**yo**-nes en **sal**-sa*
mushrooms in sauce

chirivía
*chee-ree-**hee**-a*
parsnip

chorizo
*cho-**ree**-tho*
hard pork sausage

chuleta de cerdo
*choo-**lay**-ta day **thair**-do*
pork chop

chuleta de cordero
*choo-**lay**-ta day kor-**dair**-o*
lamb chop

chuleta de ternera
*choo-**lay**-ta day tair-**nair**-a*
veal cutlet

churros
***choo**-ros*
fritters

ciruelas
*thee-roo-**ay**-las*
plums

cochinillo asado
*ko-chee-**nee**-yo a-**sa**-do*
roast suckling pig (Castile)

cocido de alubias
*ko-**thee**-do day a-**loo**-byas*
bean stew

cocido madrileño
*ko-**thee**-do ma-dree-**len**-yo*
meat stew with vegetables

coles de Bruselas
***ko**-les day broo-**say**-las*
Brussels sprouts

coliflor
*ko-lee-**flor***
cauliflower

compota de manzana
*kom-**po**-ta day man-**tha**-na*
apple compote

conejo con caracoles
*ko-**ne**-ho kon ka-ra-**ko**-les*
rabbit with snails

conejo estofado
*ko-**ne**-ho e-sto-**fa**-do*
stuffed rabbit

cordero en asador
*kor-**dair**-o en a-sa-**dor***
mutton on the spit

dátiles
***da**-tee-les*
dates

ensalada
*en-sa-**la**-da*
salad

ensalada de maíz
*en-sa-**la**-da day my-**eeth***
corn salad

Menu reader

ensalada de patata
*en-sa-**la**-da day pa-**ta**-ta*
potato salad

ensalada de pepino
*en-sa-**la**-da day pe-pee-**nee**-yo*
cucumber salad

ensalada de tomate
*en-sa-**la**-da day to-**ma**-tay*
tomato salad

ensalada mixta
*en-sa-**la**-da **meek**-sta*
mixed salad

ensaladilla rusa
*en-sa-la-**dee**-ya **roo**-sa*
Russian salad

. . . en salsa
*. . . en **sal**-sa*
. . . in sauce

escarola
*e-ska-**ro**-la*
chicory

espaguetis
*es-pa-**ge**-tees*
spaghetti

espárragos
*es-**pa**-ra-gos*
asparagus

espinacas
*es-pee-**na**-kas*
spinach

estragón
*es-tra-**gon***
tarragon

fabada
*fa-**ba**-da*
bean and pork stew (Asturias)

faisán
*fy-ee-**san***
pheasant

filete
*fee-**le**-tay*
fillet steak

filete de merluza
*fee-**le**-tay day mair-**loo**-tha*
hake fillet

filete de vaca
*fee-**le**-tay day **ba**-ka*
beefsteak

flan
flan
crème caramel

frambuesas
*fram-**bway**-sas*
raspberries

fresas
fray-sas
strawberries

fresas con nata
*fray-sas kon **na**-ta*
strawberries and cream

fruta con nata montada
*froo-ta kon **na**-ta mon-**ta**-da*
fruit with whipped cream

gazpacho
*gath-**pa**-cho*
cold soup with cucumber, tomato, garlic etc

granada
*gra-**na**-da*
pomegranate

grosellas negras
*gro-**se**-yas **ne**-gras*
blackcurrants

guisado de carne
*gee-**sa**-do day **kar**-nay*
beef stew

guisado de pollo
*gee-**sa**-do day **po**-yo*
chicken stew

guisantes
*gee-**san**-tes*
peas

habas
a-bas
broad beans

helado
*e-**la**-do*
ice cream

hierbabuena
*yair-ba-**bway**-na*
mint

hoja de laurel
*o-ha day **low**-rel*
bayleaf

huevo pasado por agua
*way-bo pa-**sa**-do por **a**-gwa*
soft boiled egg

Menu reader

huevos con jamón
*way-bos kon ha-**mon***
eggs with ham

huevos con tocino
*way-bos kon to-**thee**-no*
eggs with bacon

huevos fritos
*way-bos **free**-tos*
fried eggs

huevos revueltos
*way-bos re-**bwel**-tos*
scrambled eggs

jamón serrano
*ha-**mon** se-**ra**-no*
cured ham

judías verdes
*hoo-**dee**-as **bair**-des*
French beans

langosta
*lan-**go**-sta*
lobster

langostinos rebozados
*lan-go-**stee**-nos re-bo-**tha**-dos*
scampi

lechón en asador
*le-**chon** en a-sa-**dor***
suckling pig on the spit

lechuga
*le-**choo**-ga*
lettuce

lengua
***len**-gwa*
tongue

limón
*lee-**mon***
lemon

macedonia de frutas
*ma-the-**do**-nee-a day **froo**-tas*
fruit salad

maíz
*my-**eeth***
sweet corn

mantequilla
*man-te-**kee**-ya*
butter

manzana asada
*man-**tha**-na a-**sa**-da*
roast apple

manzanas
*man-**tha**-nas*
apples

mejillones
*me-hee-**yo**-nes*
mussels

melocotón
*me-lo-ko-**ton***
peach

melón
*me-**lon***
melon

merluza en salsa verde
*mair-**loo**-tha en **sal**-sa **bair**-day*
hake in parsley sauce

mermelada
*mair-me-**la**-da*
jam

morcilla
*mor-**thee**-ya*
black pudding (= blood sausage)

mousse de chocolate
*moos day cho-ko-**la**-tay*
chocolate mousse

nabo
***na**-bo*
turnip

naranjas
*na-**ran**-has*
oranges

natillas
*na-**tee**-yas*
custard

oca
***o**-ka*
goose

ostras
***o**-stras*
oysters

ostras fritas
***o**-stras **free**-tas*
fried oysters (Galicia)

paella
*py-**e**-ya*
paella

Menu reader

pasta
***pa**-sta*
pasta

patas de rana fritas
***pa**-tas day **ra**-na **free**-tas*
fried frog legs

patatas a la riojana
*pa-**ta**-tas a la ree-o-**ha**-na*
potatoes cooked with tomatoes and haricot beans (Rioja)

patatas asadas
*pa-**ta**-tas a-**sa**-das*
roast potatoes

patatas bravas
*pa-**ta**-tas **bra**-bas*
spicy fried potatoes

patatas fritas
*pa-**ta**-tas **free**-tas*
French fries

patatas troceadas y verdura con mayonesa
*pa-**ta**-tas tro-thay-**a**-das y bair-**doo**-ra kon my-o **nay**-sa*
cubed potatoes and vegetables with mayonnaise

pato
***pa**-to*
duck

pato relleno con manzanas
***pa**-to re-**yay**-no kon man-**tha**-nas*
roast duck with apples

pavo
***pa**-bo*
turkey

pepinillo
*pe-pee-**nee**-yo*
gherkin

pepino
*pe-**pee**-no*
cucumber

pera
***pay**-ra*
pear

perdiz en chocolate
*pair-**deeth** en cho-ko-**la**-tay*
partridge with a chocolate sauce (Navarra)

perejil
*pe-re-**heel***
parsley

perifollo
*pe-ree-**fo**-yo*
chervil

perrito caliente
*pe-**ree**-to kal-lee-**en**-tay*
hot dog

pescado
*pes-**ka**-do*
fish

pescado en escabeche
*pes-**ka**-do en es-ka-**be**-chay*
marinated fish

pierna (de cordero, etc)
*pee-**air**-na (day kor-**dair**-o, etc)*
shank (of lamb, etc)

pimiento rojo
*pee-**myen**-to **ro**-ho*
red pepper

pimiento verde
*pee-**myen**-to **bair**-day*
green pepper

pimientos rellenos
*pee-**myen**-tos re-**yay**-nos*
stuffed peppers

piña
***peen**-ya*
pineapple

plátano
***pla**-ta-no*
banana

pollo cocido / asado
***po**-yo ko-**thee**-do / a-**sa**-do*
baked / roasted chicken

pollo frito/rebozado
***po**-yo **free**-to/re-bo-**tha**-do*
fried/breaded chicken

pomelo
*po-**me**-lo*
grapefruit

puerros
***pwe**-ros*
leeks

puré de patatas
*poo-**ray** day pa-**ta**-tas*
mashed potatoes

queso
***ke**-so*
cheese

Menu reader

queso manchego
*ke-so man-**chay**-go*
la Mancha cheese

rábanos
ra-ba-nos
radishes

remolacha
*re-mo-**la**-cha*
beetroot

riñones guisados
*reen-**yo**-nes gee-**sa**-dos*
stewed kidney

romero
*ro-**mair**-o*
rosemary

salchicha
*sal-**chee**-cha*
sausage

salmonete
*sal-mo-**ne**-tay*
mullet

salsa de cebolla
*sal-sa day the-**bo**-ya*
onion sauce

salsa de manzana
*sal-sa day man-**tha**-na*
applesauce

salsa de pimiento verde
*sal-sa day pee-**myen**-to*
green pepper sauce

salsa de tomate
*sal-sa day to-**ma**-tay*
tomato sauce

salsa de vino
*sal-sa day **bee**-no*
wine sauce

salvia
sal-bee-a
sage

sandía
*san-**dee**-a*
watermelon

sandwich de jamón
*san-weech day ha-**mon***
ham sandwich

sardinas
*sar-**dee**-nas*
sardines

sepia
se-pee-a
cuttlefish

sopa de ajo
*so-pa day **a**-ho*
garlic soup

sopa de crema de champiñones
*so-pa day **kray**-ma day cham-peen-**yo**-nes*
cream of mushroom soup

sopa de fideos
*so-pa day fee-**day**-os*
noodle soup

sopa de frijoles
*so-pa day free-**ho**-les*
kidney-bean soup

sopa de guisantes
*so-pa day gee-**san**-tes*
pea soup

sopa de pollo
*so-pa day **po**-yo*
chicken soup

sopa de puerros
*so-pa day **pwe**-ros*
leek soup

sopa de tomate
*so-pa day to-**ma**-tay*
tomato soup

tallarines de huevo
*ta-ya-**ree**-nes day **way**-bo*
egg noodles

tarta
tar-ta
cake/pie

tarta de almendra
*tar-ta day al-**men**-dra*
almond cake

tarta de limón
*tar-ta day lee-**mon***
lemon meringue

tarta de manzana
*tar-ta day man-**tha**-na*
apple cake

tomates
*to-**ma**-tes*
tomatoes

tomillo
*to-**mee**-yo*
thyme

Wine

tortas
***tor**-tas*
thin pancakes

— con chocolate
*— kon cho-ko-**la**-tay*
—with chocolate

— con mermelada
*— kon mair-me-**la**-da*
—with jam

tortilla española
*tor-**tee**-ya es-pan-**yo**-la*
Spanish omelette

trucha
***troo**-cha*
trout

trucha cocida
***troo**-cha ko-**thee**-da*
boiled trout

trucha frita
***troo**-cha **free**-ta*
fried trout

uvas
***oo**-bas*
grapes

verduras
*bair-**doo**-ras*
vegetables

vinagre
*bee-**na**-gray*
vinegar

yogur
*yo-**goor***
yoghurt

zanahoria
*tha-na-**o**-ree-a*
carrot

Wine

As in France and Italy, there is a system of specified wine names in Spain, which may be applied only to wines produced from particular areas, in particular ways, using particular grapes. The Spanish system does not attempt to pin down the geographical origin with any precision. The area covered by a single Denominación de Origen (DO) may be enormous. There are only thirty demarcated regions, compared with over three hundred in France. The regulations are also somewhat general. The result is that DO status does not mean a great deal and that the reputation of individual producers is the key to identifying good wine.

Since joining the European Union, Spain has gained another wine classification – vinos de la tierra – along the lines of the French vins de pays system. The regulations specify grape varieties (up to a point) and minimum alcohol levels.

Spanish winemaking has improved a lot in recent years, but the biggest revolution has been in white winemaking. Most exported whites are now made fresh and fruity, if rather neutral in flavour, taking after the main white grapes, the Airén and the Viura. Reds from the Penedés and Rioja can be extremely good.

Wine regions

Catalonia – the most important wines of Catalonia in the northeast are from Penedés, the area inland from the coast south of Barcelona. The reds – particularly those based on the non-native Cabernet Sauvignon – rival the wines of Rioja, but the area is also the major producer of Cava – Spain's sparking wines fermented by the Champagne method. The areas southwest of Penedés (Priorato, Tarragona, Terra Alta) produce some weighty reds.

Wine regions

Navarra – west of Catalonia – shares the northern flank of the Ebro valley with Rioja but until recently did not achieve the quality or status of its neighbour. Now there are excellent reds to be had – both light wine for drinking young and heavier, barrel-aged ones. Recent white vintages are satisfactorily zippy.

Rioja is easily the best known of Spain's wine regions. South of Navarra, it is divided into three areas straddling the River Ebro. It is from Rioja Alta and Rioja Alavesa (scenic, hilly, upstream areas, north and south of the river) that the best of the wines originate. The flat, hot Rioja Baja produces heavier wines often used to bolster the more delicate reds from upstream. The maturing of wines, especially the reds, in oak casks is the region's distinctive feature, giving a pronounced vanilla flavour.

Galicia – in the northwest, this area's proximity to Portugal's *vinho verde* country is reflected in its sharp white wines.

Ribera del Duero – north of Madrid, this medium-sized DO area – 'the banks of the Duero' – is realising its potential for the production of fine reds.

Rueda – this region north of Madrid is traditionally known for sherry-style wines made from the Palamino grape but it now produces mainly fresh, nutty white table wines from the native Verdejo grape.

La Mancha and Valdepeñas – these two areas south of Madrid together form by far the largest wine-producing region in the country, making some very agreeable reds and whites. Although they may lack the subtleties of Riojas and Penedés, there are some *reservas* and *gran reservas* worth attention.

Sherry – from in and around Jerez in the far south (or indeed from Spain in general) – bears little relation to the sweetened products sold in volume in Britain.

There are two basic varieties of sherry. *Fino* is pale and dry with a pronounced tang that comes from a natural yeast (*flor*) that forms on the surface of the wine in the barrel. Only light, fresh, fine wines are susceptible. An *amontillado* starts out as *fino* but is aged until the *flor* dies. Although deeper in colour, it is still dry. *Olorosos* are richer in colour but also dry, made from heavier wines more heavily fortified, without the formation of *flor*.

Wine label reader

abrocado
*a-bro-**ka**-do*
medium sweet

almacenista
*al-ma-the-**nee**-sta*
unblended sherry with distinctive flavours

amontillado
a-mon-tee-ya-do
aged *fino* – darker, deeper but still very dry

Wine label reader

blanco
***blan**-ko*
white

bodega
*bo-**day**-ga*
wine cellar (wherever wine is made, stored or sold)

brut
broot
dry

cava
***ka**-ba*
wine made by the Champagne method

clarete
*kla-**re**-tay*
light red

criado y embotellado por . . .
*kree-**a**-do ee em-bo-te-**ya**-do por . . .*
grown and bottled by . . .

(de) crianza
*(day) kree-**an**-tha*
aged in wood

dulce
***dool**-thay*
sweet

embotellado de origen
*em-bo-te-**ya**-do day o-**ree**-hen*
estate-bottled

espumoso
*es-poo-**mo**-so*
sparkling wine

fino
***fee**-no*
pale, very dry sherry made from the lightest wines, to be drunk cool and young

generoso
*he-ne-**ro**-so*
aperitif or dessert wine

gran reserva
*gran re-**sair**-ba*
top quality Rioja wine, aged for longer before sale than *reserva* but capable of further ageing. The meaning may be different for wines from outside Rioja

manzanilla
*man-tha-**nee**-ya*
form of fino

nuevo
***nway**-bo*
young wine

oloroso
*o-lo-**ro**-so*
dark sherry made from richer wines and more heavily fortified but still dry

reserva
*re-**sair**-ba*
selected Rioja wine from a good vintage, aged for a minimum period before sale, at which point it is generally ready to drink

rosado
*ro-**sa**-do*
rosé

seco
***say**-ko*
dry

semi-seco
*se-mee-**say**-ko*
medium dry

sin crianza
*seen **kree**-an-tha*
not aged in wood

tinto
***teen**-to*
red

Other drinks

agua mineral
***a**-gwa mee-**ne**-ral*
mineral water

aguardiente
*a-gwar-dee-**en**-tay*
brandy

Other drinks

aguardiente de cerezas
*a-gwar-dee-**en**-tay day the-**ray**-thas*
cherry brandy

aguardiente de manzanas
*a-gwar-dee-**en**-tay day man-**tha**-nas*
apple brandy

anís
*a-**nees***
anis

café
*ka-**fay***
coffee

café americano
*ka-**fay** a-me-ree-**ka**-no*
large black coffee

café con hielo
*ka-**fay** kon **ye**-lo*
iced coffee

café con leche
*ka-**fay** kon **le**-chay*
white coffee

café escocés
*ka-**fay** es-ko-**thes***
coffee with whisky and ice cream

café instantáneo
*ka-**fay** een-stan-**ta**-nay-o*
instant coffee

café irlandés
*ka-**fay** eer-lan-**des***
Irish coffee

café sólo
*ka-**fay** **so**-lo*
small black coffee

una caña
***oo**-na **kan**-ya*
a small glass of draught beer

carajillo
*ka-ra-**hee**-yo*
coffee with a dash of brandy

capuchino
*ka-poo-**chee**-no*
cappuccino

cerveza
*thair-**bay**-tha*
beer

cerveza embotellada
*thair-**bay**-tha em-bo-te-**ya**-da*
bottled beer

cerveza enlatada
*thair-**bay**-tha en-la-**ta**-da*
canned beer

una cerveza grande
*oo-na thair-**bay**-tha **gran**-day*
a large beer

cerveza negra
*thair-**bay**-tha **ne**-gra*
stout

champán
*cham-**pan***
champagne

coca-cola
*ko-ka-**ko**-la*
coke

un coñac
*oon kon-**yak***
a brandy

cortado
*kor-**ta**-do*
coffee with a dash of milk

descafeinado
*des-ka-fay-**na**-do*
decaffeinated coffee

horchata
*or-**cha**-ta*
tiger nut milk

licor
*lee-**kor***
liqueur

limonada
*lee-mo-**na**-da*
lemonade

manzanilla
*man-tha-**nee**-ya*
camomile tea

naranjada
*na-ran-**ha**-da*
orange drink

pacharán
*pa-cha-**ran***
a type of sloe gin

ron
ron
rum

Other drinks

sangría
*san-**gree**-a*
fruit cup with wine

sidra
see-dra
cider

soda
so-da
soda water

té
tay
tea

té con leche
*tay kon **le**-chay*
tea with milk

té con limón
*tay kon lee-**mon***
lemon tea

tónica
to-nee-ka
tonic water

un vaso de vino blanco
*oon **ba**-so day **bee**-no **blan**-ko*
a glass of white wine

un vaso de vino tinto
*oon **ba**-so day **bee**-no **teen**-to*
a glass of red wine

vermut
*bair-**moot***
vermouth

vino rosado
*bee-no ro-**sa**-do*
rosé wine

zumo de albaricoque
*thoo-mo day al-ba-ree-**ko**-kay*
apricot juice

zumo de manzana
*thoo-mo day man-**tha**-na*
apple juice

zumo de melocotón
*thoo-mo day me-lo-ko-**ton***
peach juice

zumo de naranja
*thoo-mo day na-**ran**-ha*
orange juice

zumo de uva
*thoo-mo day **oo**-ba*
grape juice

OUT AND ABOUT

The weather

The northern coastal regions catch all the rain clouds coming off the Atlantic, making this area wet and often windy. Relatively little rain crosses the mountains to the elevated central plateau where the climate can be harsh, with blisteringly hot summer days and freezing winter nights. In winter, much of the Pyrenees may be snowbound. (There is skiing here and in the very high Sierra Nevada in the extreme south.) The Mediterranean coasts enjoy milder climates of hot dry summers and cool damp winters. The Canaries have reliably sunny summers and warm winters.

Is it going to get any warmer?
¿Va a hacer más calor?
*ba a a-**thair** mas ka-**lor***

Is it going to stay like this?
¿Va a continuar así?
*ba a kon-tee-**nwar** a-**see***

Is there going to be a thunderstorm?
¿Va a haber tormenta?
*ba a a-**bair** tor-**men**-ta*

The weather

Isn't it a lovely day?
¿No es éste un día maravilloso?
*no es **es**-tay oon **dee**-a ma-ra-bee-**yo**-so*

It has stopped snowing
Ha parado de nevar
*a pa-**ra**-do day ne-**bar***

It is a very clear night
Hace una noche muy despejada
***a**-thay **oo**-na **no**-chay mwee des-pe-**ha**-da*

It is far too hot
Hace demasiado calor
a**-thay de-ma-**sya**-do ka-**lor

It is foggy
Hay niebla
*eye nee-**e**-bla*

It is raining again
Está lloviendo de nuevo
*es-**ta** yo-**byen**-do day **nway**-bo*

It is very cold
Hace mucho frío
***a**-thay **moo**-cho **free**-o*

It is very windy
Hace mucho viento
***a**-thay **moo**-cho bee-**en**-to*

There is a cool breeze
Hay una brisa fresca
*eye **oo**-na **bree**-sa **fre**-ska*

What is the temperature?
¿Qué temperatura hace?
*kay tem-pe-ra-**too**-ra **a**-thay*

It is going — to be fine
Va — a hacer bueno
*ba — a a-**thair** **bway**-no*

— to be windy
— a hacer viento
*— a a-**thair** bee-**en**-to*

— to rain
— a llover
*— a yo **bair***

— to snow
— a nevar
*— a ne-**bar***

Will it be cold tonight?
¿Hará frío esta noche?
*a-**ra** **free**-o **es**-ta **no**-chay*

Will the weather improve?
¿Va a mejorar el tiempo?
*ba a me-ho-**rar** el tee-**em**-po*

On the beach

Will the wind die down?
¿Va a amainar el viento?
*ba a a-my-**nar** el bee-**en**-to*

On the beach

Can we change here?
¿Podemos cambiarnos aquí?
*po-**day**-mos kam-**byar**-nos a-**kee***

Can you recommend a quiet beach?
¿Puede sugerir una playa tranquila?
***pwe**-day soo-he-**reer** **oo**-na **ply**-a tran-**kee**-la*

Is it safe to swim here?
¿Es seguro nadar aquí?
*es se-**goo**-ro na-**dar** a-**kee***

Is the current strong?
¿Hay mucha corriente?
*eye **moo**-cha ko-ree-**en**-tay*

Is the sea calm?
¿Está la mar tranquila?
*es-**ta** la mar tran-**kee**-la*

Can I rent — a sailing boat?
¿Puedo alquilar — un barco de vela?
***pwe**-do al-kee-**lar** — oon **bar**-ko day **bay**-la*

— a rowing boat?
— un bote de remos?
*— oon **bo**-tay day **re**-mos*

Is it possible to go — sailing?
¿Es posible — salir a navegar?
*es po-**see**-blay — sa-**leer** a na-be-**gar***

— surfing?
— hacer surf?
*— a-**thair** soorf*

— water skiing?
— hacer esquí acuático?
*— a-**thair** e-**skee** a-**kwa**-tee-ko*

— wind surfing?
— hacer windsurf?
*— a-**thair** **ween** soorf*

Is the water warm?
¿Está el agua templada?
*es-**ta** el **a**-gwa tem-**pla**-da*

Is there a heated swimming pool?
¿Hay alguna piscina climatizada?
*eye al-**goo**-na pees-**thee**-na klee-ma-tee-**tha**-da*

Is there a lifeguard here?
¿Hay algún salvavidas aquí?
*eye al-**goon** sal-ba-**bee**-das a-**kee***

Sport and recreation

Is this beach private?
¿Es privada esta playa?
*es pree-**ba**-da **es**-ta **ply**-a*

When is high tide?
¿Cuándo toca marea alta?
***kwan**-do **to**-ka ma-**ray**-a **al**-ta*

When is low tide?
¿Cuándo toca marea baja?
***kwan**-do **to**-ka ma-**ray**-a **ba**-ha*

Sport and recreation

Can I rent the equipment?
¿Puedo alquilar el material?
pwe**-do al-kee-**lar** el ma-te-ree-**al

Can we go riding?
¿Podemos ir a montar a caballo?
*po-**day**-mos eer a mon-**tar** a ka-**ba**-yo*

Can we — play tennis?
¿Podemos — jugar al tenis?
*po-**day**-mos — hoo-**gar** al **te**-nees*

— play golf?
— jugar al golf?
— *hoo-**gar** al golf*

— play volleyball?
— jugar al voleibol?
*— hoo-**gar** al bo-lee-**bol***

Where can we fish?
¿Dónde podemos pescar?
don**-day po-**day**-mos pe-**skar

Do we need a permit?
¿Necesitamos permiso?
*ne-the-see-**ta**-mos pair-**mee**-so*

Entertainment

How much is it for a child?
¿Cuánto cuesta para un niño?
***kwan**-to **kwe**-sta **pa**-ra oon **neen**-yo*

How much is it per person?
¿Cuánto cuesta por persona?
***kwan**-to **kwe**-sta por pair-**so**-na*

How much is it to get in?
¿Cuánto cuesta la entrada?
***kwan**-to **kwe**-sta la en-**tra**-da*

Is there — a disco?
¿Hay — alguna discoteca?
*eye — al-**goo**-na dee-sko-**tay**-ka*

— a good nightclub?
— algún buen club?
— *al-**goon** bwen kloob*

— a theatre?
— teatro?
— *tay-**a**-tro*

Are there any films in English?
¿Hay alguna película en inglés?
*eye al-**goo**-na pe-**lee**-koo-la en een-**gles***

Two stalls tickets, please
Dos entradas en butacas, por favor
*dos en-**tra**-das en boo-**ta**-kas, por fa-**bor***

Two tickets, please
Dos entradas, por favor
*dos en-**tra**-das, por fa-**bor***

Is there a reduction for children?
¿Hay descuento para niños?
*eye des-**kwen**-to **pa**-ra **neen**-yos*

Sightseeing

Are there any boat trips on the river?
¿Hay excursiones en barco por el río?
*eye ek-skoor-**syo**-nes en **bar**-ko por el **ree**-o*

Are there any guided tours of the castle?
¿Hay alguna visita con guía al castillo?
*eye al-**goo**-na bee-**see**-ta kon **gee**-a al ka-**stee**-yo*

Are there any guided tours?
¿Hay visitas con guía?
*eye bee-**see**-tas kon **gee**-a*

What is there to see here?
¿Qué hay para ver aquí?
*kay eye **pa**-ra bair a-**kee***

What is this building?
¿Qué es este edificio?
*kay es **es**-tay e-dee-**fee**-thee-o*

When was it built?
¿Cuándo se construyó?
kwan**-do say kon stroo-**yo

Is it open to the public?
¿Está abierto al público?
*es-**ta** a-bee-**air**-to al **poo**-blee-ko*

What is the admission charge?
¿Cuánto cuesta la entrada?
***kwan**-to **kwes**-ta la en-**tra**-da*

Can we go in?
¿Podemos entrar?
*po-**day**-mos en-**trar***

Sightseeing

Can we go up to the top?
¿Podemos subir hasta arriba?
*po-**day**-mos soo-**beer a**-sta a-**ree**-ba*

Can I take photos?
¿Puedo hacer fotos?
***pwe**-do a-**thair fo**-tos*

Can I use flash?
¿Puedo utilizar flash?
***pwe**-do oo-tee-lee-**thar** flas*

How long does the tour take?
¿Cuánto dura la excursión?
kwan**-to **doo**-ra la ek-skoor-**syon

Is there a guide book?
¿Hay alguna guía turística?
*eye al-**goo**-na **gee**-a too-**ree**-stee-ka*

Is there a tour of the cathedral?
¿Hay visita a la catedral?
*eye bee-**see**-ta a la ka-te-**dral***

Is there an English-speaking guide?
¿Hay algún guía que hable inglés?
*eye al-**goon gee**-a kay **a**-blay een-**gles***

Is this the best view?
¿Es ésta la mejor vista?
*es **es**-ta la me-**hor bee**-sta*

What time does the gallery open?
¿A qué hora abre la galería?
*a kay **o**-ra **a**-bray la ga-le-**ree**-a*

When is the bus tour?
¿Cuándo es la visita en autobús?
*kwan-do es la bee-**see**-ta en ow-to-**boos***

Souvenirs

Have you got an English guidebook?
¿Tiene alguna guía turística en inglés?
*tee-**e**-nay al-**goo**-na **gee**-a too-**ree**-stee-ka en een-**gles***

Have you got any colour slides?
¿Tiene diapositivas en color?
*tee-**e**-nay dee-a-po-zee-**tee**-bas en ko-**lor***

Where can I buy postcards?
¿Dónde puedo comprar postales?
***don**-day **pwe**-do kom-**prar** po-**sta**-les*

Where can we buy souvenirs?
¿Dónde podemos comprar recuerdos?
***don**-day po-**day**-mos kom-**prar** re-**kwair**-dos*

Going to church

When visiting a church, dress appropriately. Do not wear shorts or short skirts, and ensure that your shoulders are covered. If you are just sightseeing, it is advisable to arrange to visit when there is not a religious service in progress.

Where is the — Catholic church?
¿Dónde está la — iglesia Católica?
***don**-day es-**ta** la — ee-**glay**-see-a ka-**to**-lee-ka*

— Baptist church?
— la iglesia Bautista?
— *la ee-**glay**-see-a bow-**tee**-sta*

— mosque?
— la mezquita?
— *la meth-**kee**-ta*

— Protestant church?
— iglesia Protestante?
— *ee-**glay**-see-a pro-te-**stan**-tay*

— synagogue?
— la sinagoga?
— *la see-na-**go**-ga*

What time is mass?
¿A qué hora es la misa?
*a kay **o**-ra es la **mee**-sa*

I would like to see — a priest
Me gustaría hablar con — un sacerdote
*may goo-sta-**ree**-a a-**blar** kon — oon sa-thair-**do**-tay*

— a minister
— un pastor
*— oon pa-**stor***

— a rabbi
— un rabino
*— oon ra-**bee**-no*

SHOPPING

Most shops in smaller towns tend to follow the traditional pattern of the siesta, closing from lunchtime until 4.00 or 4.30pm, then staying open until 7.00pm or later. In the cities and in the busy resorts, however, you will find many shops and department stores stay open all day. Most shops are closed on public holidays (*see* page 228).

General phrases and requests

How much does that cost?
¿Cuánto cuesta eso?
***kwan**-to **kwes**-ta **e**-so*

How much is it — per kilo?
¿Cuánto cuesta — por kilo?
***kwan**-to **kwes**-ta— por **kee**-lo*

— per metre?
— por metro?
*— por **me**-tro*

How much is this?
¿Cuánto es esto?
***kwan**-to es **es**-to*

General phrases and requests

Have you got anything cheaper?
¿Tiene algo más barato?
*tee-**e**-nay **al**-go mas ba-**ra**-to*

Can I see that umbrella?
¿Puedo ver ese paraguas?
***pwe**-do bair **e**-say pa-**ra**-gwas*

No, the other one
No, el otro
*no, el **o**-tro*

Can you deliver to my hotel?
¿Puede entregármelo al hotel?
pwe**-day en-tre-**gar**-may-lo al o-**tel

I do not like it
No me gusta
*no may **goo**-sta*

I like this one
Me gusta éste
*may **goo**-sta **es**-tay*

I will take — this one
Tomaré — éste
*to-ma-**ray** — **es**-tay*

— that one
— ése
— ***e**-say*

General phrases and requests

— the other one
— el otro
— *el **o**-tro*

— that one over there
— aquél de allí
— *a-**kel** day **a**-ye*

Where can I buy some clothes?
¿Dónde puedo comprar ropa?
***don**-day **pwe**-do kom-**prar** **ro**-pa*

Where can I buy tapes for my camcorder?
¿Dónde puedo comprar cintas para el camcórder?
***don**-day **pwe**-do kom-**prar** **theen**-tas **pa**-ra el kam-**kor**-dair*

Where can I get my camcorder repaired?
¿A dónde puedo llevar a reparar el camcórder?
*a **don**-day **pwe**-do ye-**bar** a re-pa-**rar** el kam-**kor**-dair*

Where is — the children's department?
¿Dónde está — el departamento infantil?
don**-day es-**ta**— el de-par-ta-**men**-to een-fan-**teel

— the food department?
— el departamento de comestibles?
— *el de-par-ta-**men**-to day ko-me-**stee**-blays*

I am looking for a souvenir
Estoy buscando un recuerdo
*es-**toy** boo-**skan**-do oon re-**kwair**-do*

General phrases and requests

Do you sell sunglasses?
¿Venden gafas de sol?
***ben**-den **ga**-fas day sol*

Can I have — a carrier bag?
¿Puede darme — una bolsa?
***pwe**-day **dar**-may— **oo**-na **bol**-sa*

— a receipt?
— un recibo?
*— oon re-**thee**-bo*

— an itemised bill?
— una cuenta detallada?
*— **oo**-na **kwen**-ta de-ta-**ya**-da*

Can I pay for air insurance?
¿Puedo pagar un seguro aéreo?
***pwe**-do pa-**gar** oon se **goo**-ro a-**air**-ay-o*

What is the total?
¿Cuánto es el total?
kwan**-to es el to-**tal

Do you accept traveller's cheques?
¿Acepta cheques de viaje?
*a-**thep**-ta **che**-kays day bee-**a**-hay*

I do not have enough currency
No tengo suficiente cambio
*no **ten**-go soo-fee-**thyen**-tay **kam**-bee-o*

General phrases and requests

I do not have enough money
No tengo suficiente dinero
*no **ten**-go soo-fee-**thyen**-tay dee-**ne**-ro*

I would like to pay with my credit card
Me gustaría pagar con tarjeta de crédito
*may goo-sta-**ree**-a pa-**gar** kon tar-**hay**-ta day **kre**-dee-to*

Please forward a receipt to this address
Por favor, envíe un recibo a esta dirección
*por fa-**bor**, en-**bee**-ay oon re-**thee**-bo a **es**-ta dee-rek-**thyon***

Please wrap it up for me
Por favor, envuélvamelo
*por fa-**bor**, en-**bwel**-ba-may-lo*

There is no need to wrap it
No hace falta envolverlo
*no **a**-thay **fal**-ta en-bol-**bair**-lo*

Please pack this for shipment
Por favor, envuelva esto para envío
*por fa-**bor**, en-**bwel**-ba **es**-to pa-ra en-**bee**-o*

Will you send it by air freight?
¿Lo enviará por avión?
*lo en-bee-a-**ra** por a-**byon***

Buying groceries

Supermarkets and small grocery stores proliferate, but shopping is more fun in local markets. Most towns and major centres have markets – usually mornings only, Monday to Saturday – with fresh fruit, vegetables and meat at prices that are likely to be lower than those in the shops (and often open to bargaining).

We need to buy some food
Tenemos que comprar comida
*te-**nay**-mos kay kom-**prar** ko-**mee**-da*

I would like — a kilo of potatoes
Me da — un kilo de patatas
*may da — oon **kee**-lo day pa-**ta**-tas*

— a bar of chocolate
— una barra de chocolate
*— **oo**-na **ba**-ra day cho-ko-**la**-tay*

— 100 g of ground coffee
— cien gramos de café molido
*— thee-**en** **gra**-mos day ka-**fay** mo-**lee**-do*

— two steaks
— dos filetes
*— dos fee-**le**-tes*

Buying groceries

— 5 slices of ham
— cinco lonchas de jamón
— ***theen**-ko **lon**-chas day ha-**mon***

— half a dozen eggs
— media docena de huevos
— ***me**-dee-a do-**thay**-na day **way**-bos*

— half a kilo of butter
— medio kilo de mantequilla
— ***me**-dee-o **kee**-lo day man-te-**kee**-ya*

Can I have — some sugar, please?
¿Puede darme — azúcar, por favor?
pwe**-day **dar**-may— a-**thoo**-kar, por fa-**bor

— a bottle of wine, please?
— una botella de vino, por favor?
— ***oo**-na bo-**te**-ya day **bee**-no, por fa-**bor***

— a kilo of sausages, please?
— un kilo de salchichas, por favor?
— *oon **kee**-lo day sal-**chee**-chas, por fa-**bor***

— a leg of lamb, please?
— una pierna de cordero, por favor?
— ***oo**-na pee-**air**-na day kor-**dair**-o, por fa-**bor***

— a litre of milk, please?
— un litro de leche, por favor?
— *oon **lee**-tro day **le**-chay, por fa-**bor***

Groceries

baby food
comida para bebés
*ko-**mee**-da **pa**-ra be-**bes***

biscuits
galletas
*ga-**yay**-tas*

bread
pan
pan

butter
mantequilla
*man-te-**kee**-ya*

cheese
queso
***ke**-so*

coffee
café
*ka-**fay***

cream
nata
***na**-ta*

eggs
huevos
***way**-bos*

flour
harina
*a-**ree**-na*

jam
mermelada
*mair-me-**la**-da*

margarine
margarina
*mar-ga-**ree**-na*

milk
leche
***le**-chay*

mustard
mostaza
*mo-**sta**-tha*

oil
aceite
*a-**thay**-tay*

Meat and fish

pepper
pimienta
*pee-**myen**-ta*

rice
arroz
*a-**roth***

salt
sal
sal

soup
sopa
so-pa

sugar
azúcar
*a-**thoo**-kar*

tea
té
tay

vinegar
vinagre
*bee-**na**-gray*

yoghurt
yogur
*yo-**goor***

Meat and fish

beef
carne de vaca
***kar**-nay day **ba**-ka*

chicken
pollo
***po**-yo*

cod
bacalao
*ba-ka-**la**-o*

fish
pescado
*pe-**ska**-do*

ham
jamón
*ha-**mon***

herring
arenque
*a-**ren**-kay*

kidneys
riñones
*reen-**yo**-nes*

lamb
cordero
*kor-**dair**-o*

liver
hígado
ee-ga-do

meat
carne
kar-nay

mussels
mejillones
*me-hee-**yo**-nes*

pork
cerdo
thair-do

sole
lenguado
*len-**gwa**-do*

veal
ternera
*tair-**nair**-a*

At the newsagent's

English newspapers are readily available in major cities and tourist resort areas. They are generally a day late, and the quality dailies are expensive. You can get cheaper, locally published, English-language papers in many resort areas.

Do you sell — English paperbacks?
¿Vende — libros de bolsillo en inglés?
ben-day — lee-bros day bol-see-yo en een-gles

— postcards?
— postales?
— *po-sta-les*

At the newsagent's

— a local map?
— un plano de la localidad?
— *oon **pla**-no day la lo-ka-**lee**-dad*

— a road map?
— un mapa de carreteras?
— *oon **ma**-pa day ka-re-**tair**-as*

— coloured pencils?
— lápices de color?
— ***la**-pee-thes day ko-**lor***

— drawing paper?
— papel de dibujo?
— *pa-**pel** day dee-**boo**-ho*

— felt pens?
— rotuladores?
— *ro-too-la-**do**-res*

— street maps?
— planos de ciudad?
— ***pla**-nos day thee-oo-**dad***

I would like some postage stamps
Me da sellos de correos
*may da **se**-yos day ko-**ray**-os*

Do you have — English books?
¿Tiene — libros en inglés?
*tee-**e**-nay — **lee**-bros en een-**gles***

At the newsagent's

— English newspapers?
— periódicos en inglés?
— *pe-ree-**o**-dee-kos en een-**gles***

I need — some writing paper
Necesito — papel de cartas
*ne-the-**see**-to — pa-**pel** day **kar**-tas*

— a bottle of ink
— una botella de tinta
— ***oo**-na bo-**te**-ya day **teen**-ta*

— a pen
— un bolígrafo
— *oon bo-**lee**-gra-fo*

— a pencil
— un lápiz
— *oon **la**-peeth*

— some adhesive tape
— cinta adhesiva
— ***theen**-ta a-de-**see**-ba*

— some envelopes
— sobres
— ***so**-bres*

At the tobacconist's

Do you have — cigarette papers?
¿Tiene — papel de fumar?
*tee-**e**-nay — pa-**pel** day foo-**mar***

— a box of matches
— una caja de cerillas
— *oo-na **ka**-ha day the-**ree**-yas*

— a cigar
— un cigarro
— *oon thee-**ga**-ro*

— a cigarette lighter
— un mechero
— *oon me-**chair**-o*

— a gas (butane) refill
— una carga de gas
— *oo-na **kar**-ga day gas*

— a pipe
— una pipa
— *oo-na **pee**-pa*

— a pouch of pipe tobacco
— una petaca de tabaco de pipa
— *oo-na pe-**ta**-ka day ta-**ba**-ko day **pee**-pa*

— some pipe cleaners
— unos limpiapipas
— *oo-nos leem-pya-**pee**-pas*

Have you got — any American brands?
¿Tiene — marcas americanas?
*tee-**e**-nay — **mar**-kas a-me-ree-**ka**-nas*

— any English brands?
— marcas inglesas?
— *mar-kas een-**glay**-sas*

— rolling tobacco?
— tabaco de liar?
— *ta-**ba**-ko day lee-**ar***

A packet of ... please
Un paquete de ... por favor
*oon pa-**ke**-tay day ... por fa-**bor***

— with filter tips
— con filtro
— *kon **feel**-tro*

— without filters
— sin filtro
— *seen **feel**-tro*

At the chemist's

As in Britain, you can get drugs from a chemist (*farmacia*) during shopping hours. Rotas of chemists open at other times are posted in their windows and published in local papers.

Do you have toothpaste?
¿Tiene pasta de dientes?
*tee-**e**-nay **pa**-sta day dee-**en**-tes*

I need some high-protection suntan cream
Necesito una crema solar de alta protección
*ne-the-**see**-to **oo**-na **kray**-ma so-**lar** day **al**-ta pro-tek-**thyon***

Can you give me something for— a headache?
¿Puede darme algo para — el dolor de cabeza?
*pwe-day **dar**-may **al**-go **pa**-ra — el do-**lor** day ka-**bay**-tha*

— insect bites
— las picaduras de insectos?
— *las pee-ka-**doo**-ras day een-**sek**-tos*

— a cold
— un catarro
— *oon ka-**ta**-ro*

— a cough
— tos
— *tos*

— a sore throat
— dolor de garganta
— *do-**lor** day gar-**gan**-ta*

— an upset stomach
— mal del estómago
— *mal del e-**sto**-ma-go*

— toothache
— dolor de muelas
— *do-**lor** day **mway**-las*

— hay fever
— fiebre del heno
— *fee-**e**-bray del **ay**-no*

— sunburn
— quemadura de sol
— *ke-ma-**doo**-ra day sol*

Do I need a prescription?
¿Necesito una receta?
*ne-the-**see**-to **oo**-na re-**thay**-ta*

How many do I take?
¿Cuántas tengo que tomar?
kwan**-tas **ten**-go kay to-**mar

How often do I take them?
¿Con qué frecuencia tengo que tomarlas?
*kon kay fre-**kwen**-thee-a **ten**-go kay to-**mar**-las*

Medicines and toiletries

Are they safe for children to take?
¿Los niños pueden tomarlas sin riesgo?
*los **neen**-yos **pwe**-den to-**mar**-las seen ree-**ez**-go*

Medicines and toiletries

antihistamine
antihistamínico
*an-tee-ee-sta-**mee**-nee-ko*

antiseptic
antiséptico
*an-tee-**sep**-tee-ko*

aspirin
aspirina
*a-spee-**ree**-na*

bandage
vendaje
*ben-**da**-hay*

bubble bath
espuma de baño
*e-**spoo**-ma day **ban**-yo*

cleansing milk
leche limpiadora
***le**-chay leem-pya-**do**-ra*

conditioner
suavizante
*swa-bee-**than**-tay*

condom
preservativo
*pray-sair-ba-**tee**-bo*

contraceptive
anticonceptivo
*an-tee-kon-thep-**tee**-bo*

cotton wool
algodón hidrófilo
*al-go-**don** ee-**dro**-fee-lo*

deodorant
desodorante
*des-o-do-**ran**-tay*

disinfectant
desinfectante
*des-een-fek-**tan**-tay*

Medicines and toiletries

eau de Cologne
agua de colonia
***a**-gwa day ko-**lon**-ya*

eye shadow
sombra de ojos
***som**-bra day **o**-hos*

face powder
polvos
***pol**-bos*

hair spray
laca para el cabello
***la**-ka **pa**-ra el ka-**be**-yo*

hand cream
crema de manos
***kray**-ma day **ma**-nos*

insect repellent
repelente de insectos
*ray-pe-**len**-tay day een-**sek**-tos*

laxative
laxante
*lak-**san**-tay*

lipstick
barra de labios
***ba**-ra day **la**-bee-os*

mascara
rímel
***ree**-mel*

moisturiser
loción hidratante
*lo-**thyon** ee-dra-**tan**-tay*

mouthwash
antiséptico bucal
*an-tee-**sep**-tee-ko boo-**kal***

nail file
lima de uñas
***lee**-ma day **oon**-yas*

nail varnish
esmalte de uñas
*es-**mal**-tay day **oon**-yas*

nail varnish remover
quitaesmalte
*kee-ta-es-**mal**-tay*

perfume
perfume
*pair-**foo**-may*

plasters
tiritas
*tee-ree-**tas***

Shopping for clothes

razor blades
hojas de afeitar
*o-has day a-fay-**tar***

sanitary towels
compresas
*kom-**pray**-sas*

shampoo
champú
*cham-**poo***

shaving cream
espuma de afeitar
*es-**poo**-ma day a-fay-**tar***

soap
jabón
*ha-**bon***

suntan lotion
bronceador
*bron-thay-a-**dor***

talc
talco
***tal**-ko*

tampons
tampones
*tam-**po**-nays*

tissues
Kleenex
***klee**-neks*

toilet water
colonia
*ko-**lon**-ya*

toothpaste
pasta de dientes
***pa**-sta day dee-**en**-tes*

Shopping for clothes

I am just looking, thank you
Sólo estoy mirando, gracias
***so**-lo es-**toy** mee-**ran**-do, **gra**-thee-as*

Shopping for clothes

I do not like it
No me gusta
*no may **goo**-sta*

I like it
Me gusta
*may **goo**-sta*

I will take it
Lo llevaré
*lo ye-ba-**ray***

I like — this one
Me gusta — éste
*may **goo**-sta — **es**-tay*

— that one there
— aquél
*— a **kel***

— the one in the window
— el que está en el escaparate
*— el kay es-**ta** en el e-ska-pa-**ra**-tay*

I would like — this suit
Quiero comprar — este traje
*kee-**e**-ro kom-**prar** — **es**-tay **tra**-hay*

— this hat
— este sombrero
*— **es**-tay som-**brair**-o*

Shopping for clothes

I would like one — with a zip
Quisiera uno — con cremallera
*ke-see-**air**-a **oo**-no — kon kre-ma-**yair**-a*

— without a belt
— sin cinturón
*— seen then-too-**ron***

Can you please measure me?
¿Puede medirme, por favor?
*pwe-day me-**deer**-may, por fa-**bor***

Can I change it if it does not fit?
¿Puedo cambiarlo si no me vale?
*pwe-do kam-**byar**-lo see no may **ba**-lay*

Have you got this in other colours?
¿Tiene éste en otros colores?
*tee-**e**-nay **es**-tay en **o**-tros ko-**lo**-res*

I take a large shoe size
Uso una talla de zapato grande
*oo-so **oo**-na **ta**-ya day tha-**pa**-to **gran**-day*

I take continental size 40
Uso la talla cuarenta europea
*oo-so la **ta**-ya kwa-**ren**-ta ay-oo-ro-**pay**-a*

Is it too long?
¿Es demasiado largo?
*es de-ma-**sya**-do **lar**-go*

Shopping for clothes

Is it too short?
¿Es demasiado corto?
*es de-ma-**sya**-do **kor**-to*

Is there a full-length mirror?
¿Hay algún espejo de cuerpo entero?
*eye al-**goon** es-**pe**-ho day **kwair**-po en-**tair**-o*

Is this all you have?
¿Es esto todo lo que tiene?
*es **es**-to **to**-do lo kay tee-**e**-nay*

It does not fit
No me vale
*no may **ba**-lay*

It does not suit me
No me queda bien
*no may **kay**-da byen*

May I see it in daylight?
¿Puedo verlo a la luz del día?
***pwe**-do **bair**-lo a la looth del **dee**-a*

Where are the changing (dressing) rooms?
¿Dónde están los probadores?
***don**-day es-**tan** los pro-ba-**do**-res*

Where can I try it on?
¿Dónde puedo probármelo?
***don**-day **pwe**-do pro-**bar**-may-lo*

Shopping for clothes

Have you got — a large size?
¿Tiene — una talla grande?
*tee-**e**-nay — **oo**-na **ta**-ya **gran**-day*

— a small size?
— una talla pequeña?
*— **oo**-na **ta**-ya pe-**ken**-ya*

What is it made of?
¿De qué material es?
*day kay ma-te-ree-**al** es*

Is it guaranteed?
¿Tiene garantía?
*tee-**e**-nay ga-ran-**tee**-a*

Will it shrink?
¿Encogerá?
*en-ko-hair-**a***

Is it drip-dry?
¿Es de lava y pon?
*es day **la**-ba ee pon*

Is it dry-clean only?
¿Es de limpiar en seco sólamente?
*es day leem-**pyar** en **se**-ko so-la-**men**-tay*

Is it machine washable?
¿Es lavable a máquina?
*es la-**ba**-blay a **ma**-kee-na*

Clothes and accessories

acrylic
acrílico
*a-**kree**-lee-ko*

belt
cinturón
*theen-too-**ron***

blouse
blusa
***bloo**-sa*

bra
sujetador
*soo-he-ta-**dor***

bracelet
pulsera
*pool-**say**-ra*

brooch
broche
***bro**-chay*

button
botón
*bo-**ton***

cardigan
chaqueta de punto
*cha-**kay**-ta day **poon**-to*

coat
abrigo
*a-**bree**-go*

corduroy
pana
***pa**-na*

cotton
algodón
*al-go-**don***

denim
tela vaquera
***tay**-la ba-**kair**-a*

dress
vestido
*be-**stee**-do*

dungarees
pantalón de peto
*pan-ta-**lon** day **pay**-to*

Clothes and accessories

earrings
pendientes
*pen-dee-**en**-tes*

espadrilles
alpargatas
*al-**par**-ga-tas*

fur
piel
pyel

gloves
guantes
***gwan**-tes*

handbag
bolso
***bol**-so*

handkerchief
pañuelo
*pan-yoo-**ay**-lo*

hat
sombrero
*som-**brair**-o*

jacket
chaqueta
*cha-**kay**-ta*

jeans
vaqueros
*ba-**kair**-os*

jersey
jersey
*hair-**say***

lace
encaje
*en-**ka**-hay*

leather
cuero
***kwair**-o*

linen
lino
***lee**-no*

necklace
collar
*ko-**yar***

nightdress
camisón
*ka-mee-**son***

nylon
nylon
*nee-**lon***

Clothes and accessories

pants (women's)
bragas
***bra**-gas*

petticoat
combinación
*kom-bee-na-**thyon***

polyester
poliéster
*po-lee-**e**-stair*

pullover
pulóver
*poo-**lo**-bair*

purse
monedero
*mo-ne-**dair**-o*

pyjamas
pijama
*pee-**ha**-ma*

raincoat
impermeable
*eem-pair-may-**a**-blay*

ring
anillo
*a-**nee**-yo*

sandals
sandalias
*san-**da**-lee-as*

scarf
bufanda
*boo-**fan**-da*

shirt
camisa
*ka-**mee**-sa*

shoes
zapatos
*tha-**pa**-tos*

shorts
pantalón corto
*pan-ta-**lon kor**-to*

silk
seda
***say**-da*

skirt
falda
***fal**-da*

slip
enagua
*e-**na**-gwa*

Clothes and accessories

socks
calcetines
*kal-the-**tee**-nes*

stockings
medias
***me**-dee-as*

suede
ante
***an**-tay*

suit (men's)
traje
***tra**-hay*

suit (women's)
traje de chaqueta
***tra**-hay day cha-**kay**-ta*

sweater
suéter
***swe**-tair*

swimming trunks
bañador
*ban-ya-**dor***

swimsuit
traje de baño
***tra**-hay day **ban**-yo*

T-shirt
camiseta
*ka-mee-**say**-ta*

terylene
terylene
*te-ree-**le**-nay*

tie
corbata
*kor-**ba**-ta*

tights
medias
***me**-dee-as*

towel
toalla
*to-**a**-ya*

trousers
pantalón
*pan-ta-**lon***

umbrella
paraguas
*pa-**ra**-gwas*

underpants (men's)
calzoncillos
*kal-thon-**thee**-yos*

velvet
terciopelo
*tair-thee-o-**pe**-lo*

vest
camiseta
*ka-mee-**say**-ta*

wallet
cartera
*kar-**tair**-a*

watch
reloj
*re-**loh***

wool
lana
la-na

zip
cremallera
*kre-ma-**yair**-a*

Photography

I need a film — for this camera
Quiero una película — para esta cámara
*kee-**e**-ro **oo**-na pe-**lee**-koo-la — **pa**-ra **es**-ta **ka**-ma-ra*

— for this camcorder
— para este camcórder
— ***pa**-ra **es**-tay kam-**kor**-dair*

— for this cine-camera
— para esta cámara de cine
— ***pa**-ra **es**-ta **ka**-ma-ra day **thee**-nay*

— for this video camera
— para este videocámara
— ***pa**-ra **e s**-tay bee-day-o-**ka**-ma-ra*

Photography

Can you develop this film, please?
¿Puede revelar esta película, por favor?
*pwe-day re-be-**lar es**-ta pe-**lee**-koo-la, por fa-**bor***

I would like this photo enlarged
Quiero que amplíen esta foto
*kee-**e**-ro kay am-**plee**-en **es**-ta **fo**-to*

I would like two prints of this one
Quiero dos copias de ésta
*kee-**e**-ro dos **ko**-pyas day **es**-ta*

When will the photos be ready?
¿Cuándo estarán las fotos?
*kwan-do es-ta-**ran** las **fo**-tos*

I want — a black and white film
Quiero — una película en blanco y negro
*kee-**e**-ro — **oo**-na pe-**lee**-koo-la en **blan**-ko ee **ne**-gro*

— a colour print film
— una película en color
— *oo-na pe-**lee**-koo-la en **ko**-lor*

— a colour slide film
— una película de diapositivas en color
— *oo-na pe-**lee**-koo-la day dee-a-po-zee-**tee**-bas en ko-**lor***

— batteries for the flash
— pilas para el flash
— *pee-las **pa**-ra el flas*

Camera repairs

I am having trouble with my camera
Tengo un problema con la cámara
*ten-go oon pro-**blay**-ma kon la **ka**-ma-ra*

The film is jammed
La película está atascada
*la pe-**lee**-koo-la es-**ta** a-ta-**ska**-da*

There is something wrong with my camera
Le ocurre algo a mi cámara
*lay o-**koo**-ray **al**-go a mee **ka**-ma-ra*

Where can I get my camera repaired?
¿Dónde puedo llevar la cámara a reparar?
don**-day **pwe**-do **ye**-bar la **ka**-ma-ra a re-pa-**rar

Camera parts

accessory
accesorio
*ak-the-**so**-ree-o*

blue filter
filtro azul
feel**-tro a-**thool

camcorder
camcórder
*kam-**kor**-dair*

cartridge
carrete
*ka-**re**-tay*

Camera parts

cassette
cassette
*ka-**se**-tay*

cine-camera
cámara de cine
***ka**-ma-ra day **thee**-nay*

distance
distancia
*dee-**stan**-thee-a*

enlargement
ampliación
*am-plee-a-**thyon***

exposure
exposición
*ek-spo-zee-**thyon***

exposure meter
fotómetro
*fo-**to**-me-tro*

flash
flash
flas

flash bulb
bombilla de flash
*bom-**bee**-ya day flas*

flash cube
cubo de flash
***koo**-bo day flas*

focal distance
distancia focal
*dee-**stan**-thee-a fo-**kal***

focus
foco
***fo**-ko*

image
imagen
*ee-**ma**-hen*

in focus
enfocado
*en-fo-**ka**-do*

lens cover
tapa de objetivo
***ta**-pa day ob-he-**tee**-bo*

lens
objetivo
*ob-he-**tee**-bo*

negative
negativo
*ne-ga-**tee**-bo*

Camera parts

out of focus
desenfocado
*des-en-fo-**ka**-do*

over-exposed
sobreexpuesto
*so-bray-eks-**pwes**-to*

picture
fotografía
*fo-to-gra-**fee**-a*

print
copia
***ko**-pya*

projector
proyector
*pro-yek-**tor***

red filter
filtro rojo
***feel**-tro **ro**-ho*

reel
rollo
***ro**-yo*

shade
sombra
***som**-bra*

shutter
obturador
*ob-too-ra-**dor***

shutter speed
velocidad de obturación
*be-lo-thee-**dad** day ob-too-ra-**thyon***

slide
diapositiva
*dee-a-po-zee-**tee**-ba*

transparency
transparencia
*trans-pa-**ren**-thee-a*

tripod
trípode
***tree**-po-day*

viewfinder
visor
*bee-**sor***

wide-angle lens
granangular
*gra-nan-goo-**lar***

yellow filter
filtro amarillo
***feel**-tro a-ma-**ree**-yo*

At the hairdresser's

I would like to make an appointment
Quisiera reservar hora
*kee-see-**air**-a re-sair-**bar** o-ra*

I want — a haircut
Quiero — cortarme el pelo
*kee-**e**-ro— kor-**tar**-may el **pe**lo*

— a trim
— cortarme las puntas
— *kor-**tar**-may las **poon**-tas*

Not too much off
No quite demasiado
*no **kee**-tay de-ma-**sya**-do*

Take a little more off the back
Quite un poco más por detrás
kee**-tay oon **po**-ko mas por de-**tras

Please cut my hair — short
Por favor, córteme el pelo — corto
*por fa-**bor**, **kor**-tay-may el **pe**-lo — **kor**-to*

— fairly short
— bastante corto
— *ba-**stan**-tay **kor**-to*

At the hairdresser's

— in a fringe
— con flequillo
— *kon fle-**kee**-yo*

That is fine, thank you
Está bien, gracias
***es**-ta byen, **gra**-thee-as*

I would like — a perm
Quisiera — una permanente
*kee-see-**air**-ra — **oo**-na pair-ma-**nen**-tay*

— a blow-dry
— secar con secador
— *se-**kar** kon se-ka-**dor***

— my hair dyed
— teñirme el pelo
— *ten-**yeer**-may el **pe**-lo*

— my hair streaked
— mechas en el pelo
— ***may**-chas en el **pe**-lo*

— a shampoo and cut
— lavar y cortar
— *la-**bar** ee kor-**tar***

— a shampoo and set
— lavar y marcar
— *la-**bar** ee mar-**kar***

— a conditioner
— un suavizante
— *oon swa-bee-**than**-tay*

— hair spray
— laca de pelo
— ***la**-ka day **pe**-lo*

The dryer is too hot
El secador está demasiado caliente
*el se-ka-**dor** es-**ta** de-ma-**sya**-do ka-lee-**en**-tay*

The water is too hot
El agua está demasiado caliente
*el **a**-gwa es-**ta** de-ma-**sya**-do ka-lee-**en**-tay*

Laundry

Is there a launderette nearby?
¿Hay alguna lavandería cercana?
*eye al-**goo**-na la-ban-de-**ree**-a thair-**ka**-na*

How does the washing machine work?
¿Cómo funciona la lavadora?
***ko**-mo foon-**thyo**-na la la-ba-**do**-ra*

How long will it take?
¿Cuánto tardará?
kwan**-to tar-da-**ra

Can you — clean this skirt?
¿Me puede — limpiar esta falda?
*may **pwe**-day— leem-**pyar** **es**-ta **fal**-da*

— clean and press these shirts?
— limpiar y planchar estas camisas?
*— leem-**pyar** ee plan-**char** **es**-tas ka-**mee**-sas*

— wash these clothes?
— lavar esta ropa?
*— la-**bar** **es**-ta **ro**-pa*

This stain is — oil
Esta mancha es — de aceite
*es-ta **man**-cha es— day a-**thay**-ee-tay*

— blood
— de sangre
*— day **sun**-gray*

— coffee
— de café
*— day ka-**fay***

— ink
— de tinta
*— day **teen**-ta*

This fabric is delicate
Esta tela es delicada
*es-ta **tay**-la es de-lee-**ka**-da*

General repairs

I have lost my dry cleaning ticket
He perdido el resguardo de la tintorería
*ay pair-**dee**-do el rez-**gwar**-do day la teen-to-re-**ree**-a*

Please send it to this address
Por favor, enviélo a esta dirección
*por fa-**bor**, en-**bee**-ay-lo a **es**-ta dee-rek-**thyon***

When will I come back?
¿Cuándo puedo volver?
kwan**-do **pwe**-do bol-**bair

When will my clothes be ready?
¿Cuándo estará mi ropa lista?
***kwan**-do es-ta-**ra** mee **ro**-pa **lee**-sta*

I will come back — later
Volveré — más tarde
*bol-bair-**ay** — mas **tar**-day*

— in an hour
— dentro de una hora
*— **den**-tro day **oo**-na **o**-ra*

General repairs

This is — broken
Esto está — roto
***es**-to es-**ta** — **ro**-to*

— damaged
— averiado
— *a-be-ree-**a**-do*

— torn
—estropeado
— *e-stro-pay-**a**-do*

Can you repair it?
¿Puede repararlo?
***pwe**-day re-pa-**rar**-lo*

Can you do it quickly?
¿Puede hacerlo rápidamente?
***pwe**-day a-**thair**-lo **ra**-pee-da-men-tay*

Have you got a spare part for this?
¿Tiene alguna pieza de repuesto para esto?
*tee-**e**-nay al-**goo**-na pee-**ay**-tha day re-**pwe**-sto **pa**-ra **es**-to*

Would you have a look at this please?
¿Puede mirar esto, por favor?
pwe**-day mee-**rar** **es**-to, por fa-**bor

Here is the guarantee
Aquí está la garantía
*a-**kee** es-**ta** la ga-ran-**tee**-a*

At the post office

Post offices (*oficinas de correos*) are open in the mornings and again from 5.00pm to 7.00pm Monday to Friday and on Saturday mornings. They can be found in most centres. Stamps (*sellos*) are also available from tobacconists (*estancos*) and from hotels.

12 stamps please
Doce sellos, por favor
*do-thay **se**-yos, por fa-**bor***

I need to send this by courier
Necesito enviar esto por servicio de mensajero
*ne-the-**see**-to en-**byar es**-to por sair-**bee**-thee-o day men-sa-**hair**-o*

I want to send a telegram
Quiero enviar este telegrama
*kee-**e**-ro en-**byar es**-tay te-le-**gra**-ma*

I want to send this by registered mail
Quiero enviar esto por correo certificado
*kee-**e**-ro en-**byar es**-to por ko-**ray**-o thair-tee-fee-**ka**-do*

I want to send this parcel
Quiero enviar este paquete
*kee-**e**-ro en-**byar es**-tay pa-**ke**-tay*

When will it arrive?
¿Cuándo llegará?
kwan**-do ye-ga-**ra

How much is a letter — to Britain?
¿Cuánto cuesta una carta — a Gran Bretaña?
***kwan**-to **kwes**-ta **oo**-na **kar**-ta — a gran bre-**tan**-ya*

— to the United States?
— a los Estados Unidos?
*— a los e-**sta**-dos oo-**nee**-dos*

Can I have six stamps for postcards to Britain?
Me da seis sellos para postales a Gran Bretaña
*may da says **se**-yos **pa**-ra po-**sta**-les a gran bre-**tan**-ya*

Can I have a telegram form, please?
¿Puede darme un impreso de telegrama, por favor?
pwe**-day **dar**-may oon eem-**pray**-so day te-le-**gra**-ma, por fa-**bor

Using the telephone

Most phone numbers have six digits, usually written in three groups of two. Madrid, Barcelona and a number of other towns have seven-digit numbers.

The ringing tone on Spanish phones is a slowly repeating long tone rather than a double ring.

Area codes, which you dial before the local number when

calling one area from another, have two or three digits, the first of which is always 9.

To phone Spain, dial 00 34 to access the country, then dial the area code, leaving off the initial 9. Then dial the local number. To phone Britain from Spain, dial 07 and wait for a high-pitched tone before dialling the country code, which for Britain is 44. Then dial the British area code without the first 0, then your number.

Public phone boxes accept 5, 25, 50 and 100 peseta coins. Most public phones have a groove on top to hold coins and a digital display of how much credit remains. Calling from a public phone is far cheaper than calling from a hotel bedroom – hotels are entitled to make a heavy service charge. In big cities, you can also make calls from central telephone offices (*locutorios*), where you pay for the call – plus a service charge – after you have made it.

Can I use the telephone, please?
¿Puedo utilizar el teléfono, por favor?
pwe**-do oo-tee-lee-**thar** el te-**le**-fo-no, por fa-**bor

Can I dial direct?
¿Puedo marcar directamente?
***pwe**-do mar-**kar** dee-rek-ta-**men**-tay*

Can you connect me with the international operator?
¿Puede conectarme con la operadora internacional?
***pwe**-day ko-nek-**tar**-may kon la o-pe-ra-**do**-ra een-tair-na-**thyo**-nal*

Using the telephone

Have you got any change?
¿Tiene cambio?
*tee-**e**-nay **kam**-bee-o*

How do I use the telephone?
¿Cómo se utiliza el teléfono?
***ko**-mo say oo-tee-**lee**-tha el te-**le**-fo-no*

How much is it to phone to London?
¿Cuánto cuesta llamar a Londres?
***kwan**-to **kwes**-ta ya-**mar** a **lon**-dres*

I must make a phone call to Britain
Tengo que llamar a Gran Bretaña
***ten**-go kay ya-**mar** a gran bre-**tan**-ya*

I need to make a phone call
Tengo que hacer una llamada
***ten**-go kay a-**thair oo**-na ya-**ma**-da*

What is the code for the UK?
¿Cuál es el código del Reino Unido?
*kwal es el **ko**-dee-go del **ray**-no oo-**nee**-do*

I would like to make a reversed charge call
Deseo hacer una llamada a cobro revertido
*de-**say**-o a-**thair oo**-na ya-**ma**-da a **ko**-bro re-bair-**tee**-do*

The number I need is...
El número que necesito es…
*el **noo**-me-o kay ne-the-**see**-to es...*

What you may hear

What is the charge?
¿Cuánto es?
***kwan**-to es*

Please, call me back
Por favor, devuelva mi llamada
*por fa-**bor**, de-**bwel**-ba mee ya-**ma**-da*

I am sorry. We were cut off
Lo siento. Se ha cortado
*lo **syen**-to. Say a kor-**ta**-do*

What you may hear

El número no funciona
*el **noo**-me-ro no foon-**thyo**-na*
The number is out of order

Está comunicando
*es-**ta** ko-moo-nee-**kan**-do*
The line is engaged (busy)

Estoy intentando conectarle
*es-**toy** een-ten-**tan**-do ko-nek-**tar**-lay*
I am trying to connect you

Hable, por favor
a**-blay, por fa-**bor
Please go ahead

Hola, soy el director
*o-la, soy el dee-rek-**tor***
Hello, this is the manager

Le voy a pasar con el señor Smith
*lay boy a pa-**sar** kon el sen-**yor** Smith*
I am putting you through to Mr Smith

No puedo obtener este número
*no **pwe**-do ob-te-**nair** es-tay **noo**-me-ro*
I cannot obtain this number

Changing money

Banks are open Monday to Friday from 8.30am to 2.00pm and on Saturdays from 9.00am until 1.00pm.

Can I contact my bank to arrange for a transfer?
¿Puedo contactar a mi banco para pedir una transferencia?
__pwe__-do kon-tak-__tar__ a mee __ban__-ko __pa__-ra pe-__deer__ __oo__-na trans-fe-__ren__-thee-a

Has my cash arrived?
¿Ha llegado mi dinero?
a ye-__ga__-do mee dee-__ne__-ro

I would like to obtain a cash advance with my credit card
Quisiera un anticipo en metálico con mi tarjeta de crédito
kee-see-__air__-ra oon an-tee-__thee__-po en me-__ta__-lee-ko kon mee tar-__hay__-ta day __kre__-dee-to

Changing money

This is the name and address of my bank
Éste es el nombre y la dirección de mi banco
*es-tay es el **nom**-bray ee la dee-rek-**thyon** day mee **ban**-ko*

Can I change — these traveller's cheques?
¿Puedo cambiar — estos cheques de viaje?
*pwe-do kam-**byar** — es-tos **che**-kays day bee-**a**-hay*

— these notes (bills)?
— estos billetes?
*— es-tos bee-**ye**-tes*

Here is my passport
Aquí tiene mi pasaporte
*a-**kee** tee-e-nay mee pa-sa-**por**-tay*

What is the rate of exchange?
¿A cuánto está el cambio?
*a **kwan**-to es-**ta** el **kam**-bee-o*

What is the rate for — sterling?
¿A cuánto está el cambio — de la libra esterlina?
*a **kwan**-to es-**ta** el **kam**-bee-o — day la **lee**-bra es-tair-**lee**-na*

— dollars?
— del dólar?
*— del **do**-lar*

What is your commission?
¿Cuánto es la comisión?
*kwan-to es la ko-mee-**syon***

HEALTH

To receive medical treatment under the Spanish health service, you will need to get an E111 form from a post office before you travel. Take a photocopy of it and, if you need treatment, show the doctor the original and hand over the copy. Even if you do have an E111, you should not go without travel insurance.

As in Britain, you can get drugs from a chemist during shopping hours. Rotas of chemists open at other times are posted in their windows and published in local newspapers.

All dental treatment is private; your travel insurance may cover emergency treatment.

In an emergency, call the operator for a telephone number; your accommodation may also be able to help. If you need urgent hospital treatment, E111 arrangements entitle you to treatment in public wards of state hospitals. Show your E111 form immediately to avoid being charged.

What's wrong?

I need a doctor
Necesito un médico
*ne-the-**see**-to oon **me**-dee-ko*

What's wrong?

Can I see a doctor?
¿Puedo ver a un médico?
*pwe-do bair a oon **me**-dee-ko*

He / she is hurt
Está herido / herida
*es-**ta** e-**ree**-do / e-**ree**-da*

He / she has been badly injured
Está malherido / malherida
*es-**ta** mal-e-**ree**-do / mal-e-**ree**-da*

He / she has burnt himself / herself
Se ha quemado
*say a ke-**ma**-do*

He / she has dislocated his / her shoulder
Se ha dislocado el hombro
*say a dees-lo-**ka**-do el **om**-bro*

He / she is unconscious
Está inconsciente
*es-**ta** een-kons-thee-**en**-tay*

He / she has a temperature
Tiene fiebre
*tee-**e**-nay fee-**e**-bray*

He / she has been bitten
Tiene una mordedura
*tee-**e**-nay **oo**-na mor-de-**doo**-ra*

My son has cut himself
Mi hijo se ha hecho cortado
*mee **ee**-ho say a **e**-cho kor-**ta**-do*

My son is ill
Mi hijo está enfermo
*mee **ee**-ho es-**ta** en-**fair**-mo*

I am ill
Estoy enfermo / enferma
*es-**toy** en-**fair**-mo / en-**fair**-ma*

I am a diabetic
Soy diabético / diabética
*soy dee-a-**be**-tee-ko / dee-a-**be**-tee-ka*

I am allergic to penicillin
Soy alérgico / alérgica a la penicilina
*soy a-**lair**-hee-ko / a-**lair**-hee-ka a la pe-nee-thee-**lee**-na*

I am badly sunburnt
Tengo quemaduras de sol
***ten**-go ke-ma-**doo**-ras day sol*

I am constipated
Estoy estreñido / estreñida
*es-**toy** es-tren-**yee**-do / es-tren-**yee**-da*

I cannot sleep
No puedo dormir
*no **pwe**-do dor-**meer***

What's wrong?

I feel dizzy
Estoy mareado / mareada
*es-**toy** ma-ray-**a**-do / ma-ray-**a**-da*

I feel faint
Me siento mareado / mareada
*may **syen**-to ma-ray-**a**-do / ma-ray-**a**-da*

I feel nauseous
Siento náuseas
***syen**-to **now**-say-as*

I fell
Me he caído
*may ay ka-**ee**-do*

I have a pain here
Me duele aquí
*may **dwe**-lay a-**kee***

I have a rash here
Tengo un sarpullido aquí
ten**-go oon sar-poo-**yee**-do a-**kee

I have been sick
He estado vomitando
*ay es-**ta**-do bo-mee-**tan**-do*

I have been stung
Tengo una picadura
***ten**-go **oo**-na pee-ka-**doo**-ra*

I have cut myself
Me he cortado
*may ay kor-**ta**-do*

I have diarrhoea
Tengo diarrea
***ten**-go dee-a-**ray**-a*

I have pulled a muscle
Tengo un tirón en un músculo
***ten**-go oon tee-**ron** en oon **moo**-skoo-lo*

I have sunstroke
Tengo insolación
ten**-go een-so-la-**thyon

I suffer from high blood pressure
Tengo la tensión alta
***ten**-go la ten-**syon al** ta*

I think I have food poisoning
Creo que tengo una intoxicación de alimentos
***kray**-o kay **ten**-go **oo**-na een-tok-see-ka-**thyon** day a-lee-**men**-tos*

It is inflamed here
Esto está inflamado
***es**-to es-**ta** een-fla-**ma**-do*

My arm is broken
Me he roto el brazo
*may ay **ro**-to el **bra**-tho*

What's wrong?

My stomach is upset
Tengo mal de estómago
*ten-go mal day e-**sto**-ma-go*

My tongue is coated
Tengo la lengua sucia
*ten-go la **len**-gwa **soo**-thya*

There is a swelling here
Tengo hinchazón aquí
*ten-go een-cha-**thon** a-**kee***

I have hurt — my arm
Me he hecho daño en — el brazo
*may ay **e**-cho **dan**-yo en— el **bra**-tho*

— my leg
— la pierna
— *la pee-**air**-na*

It is painful — to walk
Me duele al — caminar
*may **dwe**-lay al— ka-mee-**nar***

— to breathe
— respirar
— *re-spee-**rar***

— to swallow
— tragar
— *tra-**gar***

I have — a headache
Tengo — dolor de cabeza
*ten-go — do-**lor** day ka-**bay**-tha*

— a sore throat
— dolor de garganta
*— do-**lor** day gar-**gan**-ta*

— an earache
— dolor de oído
*— do-**lor** day o-**ee**-do*

I am taking these drugs
Estoy tomando estos medicamentos
*es-**toy** to-**man**-do **es**-tos me-dee-ka-**men**-tos*

Can you give me a prescription for them?
¿Puede hacerme una receta para ellos?
*pwe-day **dar**-may **oo**-na re-**thay**-ta **pa**-ra **e**-yos*

I am on the pill
Estoy tomando la píldora
*es-**toy** to-**man**-do la **peel**-do-ra*

I am pregnant
Estoy embarazada
*es-**toy** em-ba-ra-**tha**-da*

My blood group is ...
Mi grupo sanguíneo es ...
*mee **groo**-po san-**gee**-nay-o es ...*

At the hospital

I do not know my blood group
No sé el grupo sanguíneo que tengo
*no say el **groo**-po san-**gee**-nay-o kay **ten**-go*

I need some antibiotics
Necesito antibióticos
*ne-the-**see**-to an-tee-bee-**o**-tee-kos*

Do I have to go into hospital?
¿Tengo que ir al hospital?
__ten__-go kay eer al o-spee-__tal__

Do I need an operation?
¿Tengo que operarme?
__ten__-go kay o-pe-__rar__-may

At the hospital

Here is my E-111 form
Aquí está mi formulario E-111 (ciento once)
*a-**kee** es-**ta** mee for-moo-**la**-ree-o thee-**en**-to **on**-thay*

How do I get reimbursed?
¿Cómo me van a reembolsar?
__ko__-mo may ban a ray-em-bol-__sar__

Must I stay in bed?
¿Tengo que estar en la cama?
__ten__-go kay es-__tar__ en la __ka__-ma

When will I be able to travel?
¿Cuándo podré viajar?
*kwan-do po-**dray** bee-a-**har***

Will I be able to go out tomorrow?
¿Podré salir mañana?
*po-**dray** sa-**leer** man-**ya**-na*

Parts of the body

ankle
tobillo
*to-**bee**-yo*

arm
brazo
***bra**-tho*

back
espalda
*es-**pal**-da*

bone
hueso
***we**-so*

breast
pecho
***pe**-cho*

cheek
mejilla
*me-**hee**-ya*

chest
pecho
***pe**-cho*

ear
oreja
*o-**ray**-ha*

elbow
codo
***ko**-do*

eye
ojo
***o**-ho*

Parts of the body

face
cara
ka-ra

finger
dedo
de-do

foot
pie
*pee-**ay***

hand
mano
ma-no

heart
corazón
*ko-ra-**thon***

kidney
riñon
*reen-**yon***

knee
rodilla
*ro-**dee**-ya*

leg
pierna
*pee-**air**-na*

liver
hígado
ee-ga-do

lungs
pulmones
*pool-**mo**-nes*

mouth
boca
bo-ka

muscle
músculo
moos-koo-lo

neck
cuello
kwe-yo

nose
nariz
*na-**reeth***

skin
piel
pyel

stomach
estómago
*e-**sto**-ma-go*

throat
garganta
*gar-**gan**-ta*

wrist
muñeca
*moon-**yay**-ka*

At the dentist's

I have to see the dentist
Tengo que ir al dentista
*ten-go kay eer al den-**tee**-sta*

I have a toothache
Tengo dolor de muelas
*ten-go do-**lor** day **mway**-las*

Are you going to fill it?
¿Va a empastarme?
*ba a em-pa-**star**-may*

I have broken a tooth
Me ha roto una muela
*may a **ro**-to **oo**-na **mway**-la*

Will you have to take it out?
¿Tendrá que sacármela?
*ten-**dra** kay sa-**kar**-may-la*

My false teeth are broken
Se me han roto los dientes postizos
*say may an **ro**-to los dee-**en**-tes po-**stee**-thos*

At the dentist's

Can you repair them?
¿Puede reparármelos?
***pwe**-day re-pa-**rar**-may-los*

My gums are sore
Me duelen las encías
*may **dwe**-len las en-**thee**-as*

Please give me an injection
Póngame una inyección, por favor
pon**-ga-may **oo**-na een-yek-**thyon**, por fa-**bor

That hurts
Eso duele
***e**-so **dwe**-lay*

The filling has come out
Se me ha caído el empaste
*say may a ka-**ee**-do el em-**pas**-tay*

This one hurts
Me duele ésta
*may **dwe**-lay **es**-ta*

For your Information

Numbers

0 cero ***the****-ro*

1 uno ***oo****-no*

2 dos *dos*

3 tres *tres*

4 cuatro ***kwa****-tro*

5 cinco ***theen****-ko*

6 seis *says*

7 siete *see-**e**-tay*

8 ocho ***o****-cho*

9 nueve ***nwe****-bay*

10 diez ***dee****-eth*

11 once ***on****-thay*

12 doce ***do****-thay*

Numbers

13 trece ***tre**-thay*

14 catorce *ka-**tor**-thay*

15 quince ***keen**-thay*

16 dieciséis *dee-eth-ee-**says***

17 diecisiete *dee-eth-ee-see-**e**-tay*

18 dieciocho *dee-eth-ee-**o**-cho*

19 diecinueve *dee-eth-ee-**nwe**-bay*

20 veinte ***bain**-tay*

21 veintiuno *bain-tee-**oo**-no*

22 veintidós *bain-tee-**dos***

23 veintitrés *bain-tee-**tres***

24 veinticuatro *bain-tee-**kwa**-tro*

25 veinticinco *bain-tee-**theen**-ko*

26 veintiséis *bain-tee-**says***

27 veintisiete *bain-tee-see-**e**-tay*

28 veintiocho *bain-tee-**o**-cho*

29 veintinueve *bain-tee-**nwe**-bay*

30 treinta ***trayn**-ta*

40 cuarenta *kwa-**ren**-ta*

50 cincuenta *theen-**kwen**-ta*

60 sesenta *se-**sen**-ta*

70 setenta *se-**ten**-ta*

80 ochenta *o-**chen**-ta*

90 noventa *no-**ben**-ta*

100 cien, ciento *thee-**en**, thee-**en**-to*

200 doscientos *dos-thee-**en**-tos*

300 trescientos *tres-thee-**en**-tos*

400 cuatrocientos *kwa-tro-thee-**en**-tos*

500 quinientos *keen-**yen**-tos*

600 seiscientos *says-thee-**en**-tos*

700 setecientos *se-tay-thee-**en**-tos*

800 ochocientos *o-cho-thee-**en**-tos*

900 novecientos *no-bay-thee-**en**-tos*

1000 mil *meel*

2000 dos mil *dos meel*

3000 tres mil *tres meel*

4000 cuatro mil ***kwa**-tro meel*

1000000 un millón *oon mee-**yon***

Ordinal numbers

1st	primero *pree-**mair**-o*
2nd	segundo *se-**goon**-do*
3rd	tercero *tair-**thair**-o*
4th	cuarto ***kwar**-to*
5th	quinto ***keen**-to*
nth	enésimo *e-**ne**-see-mo*

Fractions and percentages

a half	medio ***me**-dee-o*
a quarter	un cuarto *oon **kwar**-to*
a third	un tercio *oon **tair**-thee-o*
two thirds	dos tercios *dos **tair**-thee-os*
10 %	diez por ciento ***dee**-eth por thee-**en**-to*

Days

Sunday domingo *do-**meen**-go*

Monday lunes ***loo**-nes*

Tuesday martes ***mar**-tes*

Wednesday miércoles *mee-**air**-ko-les*

Thursday jueves ***hwe**-bes*

Friday viernes *bee-**air**-nes*

Saturday sábado ***sa**-ba-do*

Dates

on Friday el viernes *el bee-**air**-nes*

next Tuesday el martes próximo *el **mar**-tes **prok**-see-mo*

last Tuesday el martes pasado *el **mar**-tes pa-**sa**-do*

yesterday ayer *a-**yair***

today hoy *oy*

tomorrow mañana *man-**ya**-na*

in June en junio *en **hoo**-nee-o*

The seasons

July 7th el siete de julio *el see-**e**-tay day **hoo**-lee-o*

next week la semana que viene *la se-**ma**-na kay bee-**e**-nay*

last month el mes pasado *el mes pa-**sa**-do*

The seasons

spring primavera *pree-ma-**bair**-a*

summer verano *be-**ra**-no*

autumn otoño *o-**ton**-yo*

winter invierno *een-**byair**-no*

Times of the year

in spring en la primavera *en la pree-ma-**bair**-a*

in summer en el verano *en el be-**ra**-no*

in autumn en el otoño *en el o-**ton**-yo*

in winter en el invierno *en el een-**byair**-no*

Months

January	enero *e-**nair**-o*
February	febrero *fe-**brair**-o*
March	marzo ***mar**-tho*
April	abril *a-**breel***
May	mayo ***my**-o*
June	junio ***hoo**-nee-o*
July	julio ***hoo**-lee-o*
August	agosto *a-**go**-sto*
September	setiembre *se-tee-**em**-bray*
October	octubre *ok-**too**-bray*
November	noviembre *nob-**yem**-bray*
December	diciembre *deeth-**yem**-bray*

Public holidays

When a holiday falls on a Tuesday or Thursday, the day between it and the weekend is usually declared a *puente* (bridge) and taken off as well.

Most shops, offices and museums are closed on the following days.

January 1, New Year's Day
Año Nuevo
*an-yo **nway**-bo*

January 6, Epiphany
Día de Reyes
*dee-a day **ray**-es*

Maundy Thursday
Jueves Santo
*hwe-bes **san**-to*

Good Friday
Viernes Santo
*bee-**air**-nes **san**-to*

May 1, May Day, Labour Day
Día del Trabajo
*dee-a del tra-**ba**-ho*

24 June, St John's Day
Día de San Juan Batista
*dee-a day san hwan ba-**tee**-sta*

Corpus Christi Day (2nd Thursday after Pentecost – late May or early June)
Corpus Christi
*kor-poos **kree**-stee*

25 July, St James's Day
Día de Santiago Apóstol
*dee-a day san-**tya**-go a-po-**stol***

15 August, Assumption
Asunción
*a-soon-**thyon***

12 October, Columbus Day
Día de la Hispanidad
*dee-a day la ee-spa-nee-**dad***

1 November, All Saints Day
Todos los Santos
*to-dos los **san**-tos*

6 December, Constitution Day
Día de la Constitución
*dee-a day la kon-stee-too-**thyon***

8 December, Immaculate Conception
Inmaculada Concepción
*een-ma-koo-**la**-da kon-thep-**thyon***

25 December, Christmas Day
Navidad
*na-bee-**dad***

Colours

black
negro
***ne**-gro*

blue
azul
*a-**thool***

brown
marrón
*ma-**ron***

cream
crema
***kray**-ma*

fawn
beis
bays

gold
dorado
*do-**ra**-do*

green
verde
***bair**-day*

grey
gris
grees

orange
naranja
*na-**ran**-ha*

pink
rosa
***ro**-sa*

purple
morado
*mo-**ra**-do*

red
rojo
***ro**-ho*

silver
plateado
*pla-tay-**a**-do*

tan
color canela
*ko-**lor** ka-**nay**-la*

white
blanco
***blan**-ko*

yellow
amarillo
*a-ma-**ree**-yo*

Common adjectives

bad
malo
***ma**-lo*

beautiful
hermoso
*air-**mo**-so*

big
grande
*gran-**day***

cheap
barato
*ba-**ra**-to*

cold
frío
***free**-o*

expensive
caro
***ka**-ro*

difficult
difícil
*dee-**fee**-theel*

easy
fácil
***fa**-theel*

fast
rápido
***ra**-pee-do*

good
bueno
***bway**-no*

high
alto
***al**-to*

hot
caliente
*ka-lee-**en**-tay*

Signs and notices

little
poco
po-ko

short
corto
kor-to

long
largo
lar-go

slow
lento
len-to

new
nuevo
nway-bo

small
pequeño
pe-ken-yo

old
viejo
bee-ay-ho

ugly
feo
fay-o

Signs and notices (*see also* Road signs, page 111)

abierto
a-bee-air-to
open

agotado
a-go-ta-do
sold out

aduana
a-dwa-na
Customs

agua potable
a-gwa po-ta-blay
drinking water

agencia de viajes
a-hen-thee-a day bee-a-hes
travel agency

alarma de incendios
a-lar-ma day een-then-dee-os
fire alarm

ambulancia
*am-boo-**lan**-thee-a*
ambulance

aparcamiento sólo para residentes
*a-par-ka-**myen**-to **so**-lo **pa**-ra re-see-**den**-tes*
parking for residents only

área de fumadores
***a**-ray-a day foo-ma-**do**-res*
smoking area

ascensor
*as-**then**-sor*
lift (elevator)

banco
***ban**-ko*
bank

bienvenido
*byen-be-**nee**-do*
welcome

bomberos
*bom-**bair**-os*
fire brigade

caballeros
*ka-ba-**yair**-os*
gentlemen

cajero
*ka-**hair**-o*
cashier

caliente
*ka-lee-**en**-tay*
hot

camino particular
*ka-**mee**-no par-tee-koo-**lar***
private road

carril de bicicleta
*ka-**reel** day bee-thee-**klay**-ta*
cycle path

cerrado
*the-**ra**-do*
closed

cerrado por la tarde
*the-**ra**-do por la **tar**-day*
closed in the afternoon

circule por la derecha
*theer-**koo**-lay por la de-**ray**-cha*
keep to the right

Signs and notices

colegio
*co-**le**-hee-o*
school

compartimento de fumadores
*kom-par-tee-**men**-to day foo-ma-**do**-res*
smoking compartment

cuidado
*kwee-**da**-do*
caution

cuidado con el perro
*kwee-**da**-do kon el **pe**-ro*
beware of the dog

desviación
*des-bee-a-**thyon***
diversion

emergencia
*e-mair-**hen**-thee-a*
emergency

empujar
*em-poo-**har***
push

entrada
*en-**tra**-da*
entrance

entrada gratuita
*en-**tra**-da gra-**twee**-ta*
no admission charge

entre sin llamar
en**-tray seen ya-**mar
enter without knocking

equipaje
*e-kee-**pa**-hay*
baggage

está prohibido hablar al conductor mientras circula
*es-**ta** pro-ee-**bee**-do a-**blar** kon el kon-dook-**tor myen**-tras theer-**koo**-la*
it is forbidden to speak to the driver while the bus is moving

frío
***free**-o*
cold

horario
*o-**ra**-ree-o*
timetable

hospital
*os-pee-**tal***
hospital

información
*een-for-ma-**thyon***
information

libre
***lee**-bray*
vacant

lista de precios
***lee**-sta day **pre**-thee-os*
price list

llame
***ya**-may*
ring

llame por favor
ya**-may por fa-**bor
please ring

llegadas
*ye-**ga**-das*
arrivals

no entrar
*no en-**trar***
no entry

no pisar el césped
*no pee-**sar** el **thes**-ped*
keep off the grass

no tocar
*no to-**kar***
do not touch

ocupado
*o-koo-**pa**-do*
occupied

oferta especial
*o-**fair**-ta es-peth-**yal***
special offer

oficina de objetos perdidos
*o-fee-**thee**-na day ob-**he**-tos pair-**dee**-dos*
lost property office

papelera
*pa-pe-**lair**-a*
litter

Signs and notices

peligro
*pe-**lee**-gro*
danger

peligro de incendio
*pe-**lee**-gro day een-**then**-dee-o*
danger of fire

peligro de muerte
*pe-**lee**-gro day **mwair**-tay*
danger of death

permitido sólo para…
*pair-mee-**tee**-do **so**-lo **pa**-ra...*
allowed only for…

policia
*po-lee-**thee**-a*
police

prohibida la entrada
*pro-ee-**bee**-da la en-**tra**-da*
no trespassing

prohibido asomarse
*pro-ee-**bee**-do a-so-**mar**-say*
do not lean out

prohibido el paso
*pro-ee-**bee**-do el **pa**-so*
no thoroughfare

prohibido fumar
*pro-ee-**bee**-do foo-**ma***
no smoking

prohibido hacer fotos
*pro-ee-**bee**-do a-**thair fo**-tos*
no picture taking

rebajas
*re-**ba**-has*
sale

recuerdos
*re-**kwair**-dos*
souvenirs

reservado
*re-sair-**ba**-do*
reserved

salida
*sa-**lee**-da*
exit

salida de emergencia
*sa-**lee**-da day e-mair-**hen**-thee-a*
emergency exit

salidas
*sa-**lee**-das*
departures

se alquila
*say al-**kee**-la*
to let (for hire)

se vende
*say **ben**-day*
for sale

señoras
*sen-**yo**-ras*
ladies

sólo empleados
*so-lo em-play-**a**-dos*
employees only

sólo para uso externo
*so-lo **pa**-ra **oo**-so ek-**stair**-no*
for external use only

teléfono
*te-**le**-fo-no*
telephone

timbre de alarma
*teem-bray day a **lar**-ma*
communication cord

tirar
*tee-**rar***
pull

veneno
*be-**nay**-no*
poison

venta de liquidación
*ben-ta day lee-kee-da-**thyon***
closing down sale

IN AN EMERGENCY

What to do

Spain has three police forces. The Guardia Civil, who wear green uniforms, deal with law enforcement on the roads and in rural areas. They do not enjoy a great reputation for helpfulness. The Policía Local, who wear blue and white uniforms, patrol within towns and can be approached about any difficulties. The Policía Nacional, who wear blue uniforms, guard public buildings and in all substantial towns man the *comisaría* (police station), where crimes may be reported. In addition, the autonomous communities of the Basque Country, Catalonia, Galicia and Valencia have their own police forces. Telephone 091 for the Policía Nacional, 092 for the Policía Local.

If you suffer a loss or theft, report the incident to the police and obtain a copy of the report. If your passport is stolen or lost, inform the nearest British Consulate so that they can issue you with temporary papers.

For assistance with fires, refer to local directories or call the operator.

Call — the fire brigade
Llame — a los bomberos
***ya**-may — a los bom-**bair**-os*

— the police
— a la policía
*— a la po-lee-**thee**-a*

—an ambulance
— a una ambulancia
*— a **oo**-na am-boo-**lan**-thee-a*

Get a doctor
Busque a un médico
***boos**-kay a oon **me**-dee-ko*

There is a fire
Hay un incendio
*eye oon en-**then**-dee-o*

Where is — the British consulate?
¿Dónde está — el consulado británico?
***don**-day es-**ta**— el kon-soo-**la**-do bree-**ta**-nee-ko*

— the police station?
— la comisaría de policía?
*— la ko-mee-sa-**ree**-a day po-lee-**thee**-a*